U0089433

古代歷史文化 研究輯刊

二六編

王明蓀 主編

第 1 冊

《二六編》總目

編輯部編

狄宛第一期以降瓬疇曆圖與流變體釋
——狄宛聖賢功業祖述之三（第一冊）

周興生 著

國家圖書館出版品預行編目資料

狄宛第一期以降瓬疇曆圖與流變體釋——狄宛聖賢功業祖述
之三（第一冊）／周興生 著 -- 初版 -- 新北市：花木蘭文化
事業有限公司，2021〔民 110〕
目 26+152 面；19×26 公分
（古代歷史文化研究輯刊 二六編；第 1 冊）
ISBN 978-986-518-584-8（精裝）
1. 天文學 2. 中國
618   110011815

ISBN-978-986-518-584-8

9 789865 185848

古代歷史文化研究輯刊
二六編 第 一 冊   ISBN：978-986-518-584-8

狄宛第一期以降瓬疇曆圖與流變體釋
——狄宛聖賢功業祖述之三（第一冊）

作　　者　周興生
主　　編　王明蓀
總 編 輯　杜潔祥
副總編輯　楊嘉樂
編　　輯　許郁翎、張雅淋、潘玟靜　美術編輯　陳逸婷
出　　版　花木蘭文化事業有限公司
發 行 人　高小娟
聯絡地址　235 新北市中和區中安街七二號十三樓
　　　　　電話：02-2923-1455 ／傳真：02-2923-1452
網　　址　http://www.huamulan.tw 信箱 service@huamulans.com
印　　刷　普羅文化出版廣告事業
初　　版　2021 年 9 月
全書字數　673187 字
定　　價　二六編 32 冊（精裝）台幣 88,000 元

版權所有 · 請勿翻印

《二六編》總目

編輯部　編

《古代歷史文化研究輯刊》
二六編　書目

《古代歷史文化研究輯刊》二六編
各書作者簡介・提要・目錄

第一至四冊　狄宛第一期以降瓬疇曆圖與流變體釋——狄宛聖賢功業祖述之三

作者簡介

　　周興生，男，生於 1962 年，陝西長安杜陵人。自號杜周生，別號壺覆子。西北政法大學副教授，德國漢諾威（今萊布尼茲—漢諾威）大學法學博士，碩士研究生導師。

　　研究旨趣：中西星曆文明源跡與比較、信仰源跡、宗種與世系源跡、《易》曆源跡、法刑律源跡、文言源跡及政治源跡。

　　十八年以來，不改學術方向。庫既往求學閱歷、經籍讀問、掘錄與舊說讀問，多題域討是，圖便奠基東西方學術會通之津梁。

提　要

　　察百年彩陶識見而出其疑，討謨是之困，經緯器識之途。究狄宛人祖生殖，正交依時節，改媾時以由日食，察宗女以瓠佚鬱。

　　考瓬疇家丸藝寄曆，義類膏汁以彰赤畫義，顯黃赤道交以判丸瓦底擺幅。考見葬闕丸要與渾丸曆象、影日。考日食敗氣率致勒羅納日烏月丸正朔。考 H398：24 生殖日鬱念聯，更繪圖之道，補正遺跡曆考。揭帝事三義、距星之念。考宗女以由日鬱使男子被愆，補釋星曆數「八」。

　　考北首嶺宗女增占屠肆、宗星等，答設《爾雅》親黨十二問，揭狄宛 M219

宗掜豫日鬱。考 6500 年前夏至日鬱於午後，釋西水坡 M45 黿戲王事紀鬱並「造乎震」。

考狄宛瓦面瓯疇圖本勒記、畫作，揭天象、瓦硎等致圖。見色地之匹，察義寄於色狀、動向、穩止，以色所別蒞，揭影線義別。別圖樣八等：寄日鬱畫、寄不怡於苦難畫、寄祁正曆謨嘉穀不成而兆食菱角畫、謨曆算寄月要肜日與寄匕直芰日圖、影日肜日圖、豫日鬱圖、寄歲時察星圖、日鬱影日肜日與羅賀圖變。考顯宗身日環鬱咸羅弧圖，及羅賀《易》圖。

鑒半坡 P.4692 內蒞黃道及北天格羅圖、P.4666 格羅日烏曆算致中黃實算。考日環鬱垂照變重消息、日環鬱光波動、縱截錐影三角輻輳等。考龍崗寺 M324：1 證《周髀》立周天曆度。揭姜寨日環鬱圖兆瓯疇男欲改元，男宗不得登極，井圖並春秋分間日鬱咸羅，夏至日環鬱過極圖納七日豫日鬱。顯屠肆非嫡及曆卜勒記。

鑒日環郁風翅圖本日環鬱匕旋肜日、夏至日環鬱日影過極圖即太一帝源、日環鬱影日肖蝌蚪天黿、宗治寄鴉。

鑒南臺地光面冥盂本元君廟器藝，考見北疆瓯疇圖兆景雲、申戎二氏合婚。鑒太平莊 M701 葬冥君。考宗女承黿戲夏至正朔得穀嘗新、設建，赤帝乙后。

聶考蚩尤「乃」、「形天」、「爭神」，鑒赤帝器賂黃帝，景雲氏承狄宛木星紀年。考大墩子 M44：13 存證蚩尤曆為龜卜，揭瓦雕逼仄瓦圖，釋「太硎」「甲兵」以論刑源。

考媧祖乙教，揭黃帝生身殁以二十交點年。婦好世系考顯狄宛文明距今約 9400 年，其墓骨器星圖考揭太初北極星來自胥星，諸夏文字本五等工記。

算顯曆法變遷，星察以迄手度曆算，由芒弟曆夜變為芒弟曆日。考占天地數命嗣與昔算，二章蔀與預產曆法，及甲子六十歲紀，顯蚩尤歲曆。

目　次

第一冊

第五冊　漢代廷尉研究

作者簡介

　　閆強樂，男，1993 年 7 月生，陝西西安藍田人。西北大學法學院講師，法學博士。2015 年於蘭州大學國家文科基礎學科人才培養基地班歷史學學士畢業；2018 年於蘭州大學歷史文化學院中國古代史碩士畢業，導師喬健教授；

2021 年於中國政法大學法學院法律史博士畢業,導師朱勇教授。出版學術專著《趙舒翹年譜》、《正史法律資料類編(先秦秦漢卷)》、《長安高僧錄》等著作 3 部,在《中國史研究》、《中國社會科學報》、《中華法系》、《東亞文獻研究》等刊物發表論文 20 餘篇,研究領域中國法律史。

提 要

秦漢國家的統治,或是以法為治、以吏為師,或是黃老因循,或是內法外儒,律令在國家政治的運行和社會秩序的維繫方面,都起到了基礎性的作用。廷尉是秦漢時期的最高司法官員,是春秋以來司法刑官專職化趨勢在秦漢時期的定型形態。對這一職官的起源、職掌、選任、機構屬員等問題做一系統的探討,在一定程度上能夠深化對秦漢帝國的國家司法權力體系及其運行邏輯的認識和理解。廷尉作為秦漢帝國最高司法長官,其職權包括制定、修改法律條文,審理詔獄,審理地方郡國報請的上訴疑難案件,廷尉審理的「詔獄」,其犯罪主體包括與諸侯王及其親屬、公卿大臣、地方郡守、軍事將領以及與皇帝相涉的相關人員,而廷尉審理的奏讞疑獄逐漸呈「判例化」趨勢。秦漢時期的廷尉審判的運作程序遵循「下僚起案,上官裁決」的原則,漢代的審判制度可以稱之為「獄吏主導型」或「小吏主導型」的審判。在廷尉的屬吏中,廷尉正與廷尉平最為重要,他們的設置經歷了一個變化的過程,是漢廷對最高司法機構不斷完善的體現。廷尉正本屬中央廷尉的屬官,但在漢代之後的發展中,逐漸成為王國一級的司法官員,是漢朝中央加強對王國控制在司法方面的表現。廷尉平的設置,體現了漢代法律政策從「嚴酷刑法」向「尚德緩刑」轉變。職官與政治的關係,可進行深入的解讀。廷尉作為九卿之一,除了專職的司法職責外,也對朝政大事發表議論,影響決策。有時候伴隨著廷尉權勢的增長,對國家政局也能產生重大影響。

目 次

第六冊　東漢官僚的地域構成研究

作者簡介

　　馮世明，女，1980 年出生，江蘇常州人。2002 年畢業於蘇州大學歷史系，獲歷史學學士學位；2007 年畢業於華東師範大學歷史系，獲歷史學碩士學位；2011 年畢業於華東師範大學歷史系，獲歷史學博士學位。

　　現為蘇州大學社會學院歷史系講師，主要從事漢唐史、歷史文化地理、游牧民族國家形態研究，在《中國社會科學報》、《蘭州學刊》、韓國《中國史

研究》等刊物發表論文若干篇，著有譯作《哈佛中國史》唐代卷。

提　要

　　本文運用多學科的研究方法，除了傳統的考證方法、典型史料的定性方法之外，還採用了「計量史學」的方法，以《後漢書》、《八家後漢書輯注》、《三國志》、《隸釋》為主要的資料來源，從郡望、家世、出仕類型、師承、舉主、起家官、最高官幾方面入手，以地域為著眼點，依朝代階段性的不同，製作表格進行統計，根據統計數據歸納出東漢官僚分布地域特點，探析東漢官僚地域分布及對政治社會的影響。研究認為：

　　官員籍貫的分布呈現出的區域特點與經濟發展成呼應狀態。全國經濟以處在黃河流域的關中、中原和齊魯三個地區最為發達，這些地區的人才也是最為集中的。益州、荊州、揚州這些長江以南的南方各州，到了東漢時期官員數量增加明顯。東漢一朝，山東大族對政權對控制力很強，光武朝以後山西軍人逐漸興起登上歷史舞臺。

　　地域官僚的分析涉及面很廣，與政治、經濟、教育都有密不可分的關係。一般來說，經濟發展水平和地理環境是起主導作用的因素，從根本上制約著其他因素的形成和發揮作用的程度。政治方面，皇帝的籍貫、權臣的出現和戰爭對部分地區也發揮著十分重要的作用。同時也看到，文化底蘊具有很強的慣性力量。而東漢的選舉制度除了給予平民子弟向上晉升的機會外，祖輩有仕宦資歷者幾乎達到了一半，故此世家豪族的地域分布也是不可忽視的因素。

　　東漢官僚籍貫分布對於政治社會有很多方面的影響，本文就官員與地方治理、社會矛盾的激化與農民起義、軍閥割據等問題進行了探討。

目　次

第七、八冊　北魏女主政治研究

作者簡介

　　苗霖霖，女，1982 年 6 月生，黑龍江省哈爾濱市人，歷史學博士，黑龍江省社會科學院副研究員，碩士研究生導師、研究室副主任。從事東北古代史及北方民族史研究，主持國家社科基金一項，省社科基金三項，院青年課題二項，參與國家級和省級社科基金項目多項。出版學術專著四部，在《中國社會科學報》、《古代文明》、《史林》、《社會科學戰線》、《學術交流》、《唐都學刊》等學術刊物發表學術論文 30 餘篇，並有一篇論文被人大報刊資料全文轉載。其學術成果中一篇論文和一部專著分獲黑龍江省社科優秀成果三等獎，一篇論文獲黑龍江省社會科學優秀成果佳作獎，一篇論文獲哈爾濱市社會科學優秀成果二等獎，一篇論文獲齊齊哈爾市社會科學優秀成果三等獎，並有一篇論文獲黑龍江省社會科學學術年會優秀論文一等獎。

提　要

　　北魏是由鮮卑族建立的政權，由於受到鮮卑族傳統的影響，女性在北魏有著較高的社會地位，尤其是在部落制時代「母強子立」繼任模式影響下，

鮮卑族一直存在著母子關係優於夫妻關係的傳統，這也造就了北魏的皇太后不僅能夠統管後宮，更能夠插手前朝，甚至臨朝稱制的現象。

本書將出土文獻與史書記載相結合，首次通過對北魏臨朝的皇太后以及統管後宮的皇后和嬪妃的行為方式、政治布局、家族脈絡等分析，展現了女主政治在北魏的發展狀況。全書共分為十個章節，從女性的社會地位、行為特徵和家庭問題等方面入手，分析了宮廷女性的結構、貴族女性的等級以及平民女性的特徵等內容。駁斥了傳統認識中的女禍論，提出了女主政治的優劣不由其性別決定，而是受到他們文化水平和執政能力的影響。同時也指出，女主政治對於促進女性家庭地位的提升和文化素養的提高也有著積極的作用。

目　次

上　冊

序　言

第九冊　信息傳遞與帝國統治：唐代朝集使研究

作者簡介

　　于曉雯，高雄人。國立政治大學歷史學系碩士。現為國立臺灣師範大學歷史學系博士候選人。研究領域為中國中古史、法制史。

提　要

　　隋唐時代的朝集使，是在秦漢上計的脈絡下發展而來。上計制度起初帶有「述職」的意味，地方將諸項統計資料上報中央、接受考核，中央藉此檢驗官員一年來的工作表現。隋文帝結束南北朝以來的分裂局面，建立一統政權，並且改革上計制，創建朝集制。朝集使由地方長官充使入京，展現中央對於地方的直接支配。上計吏的工作也一分為二，戶籍與計帳由計帳使在年初攜帶入京；朝集使帶著考課與其他資料於年底入京，並參加元會。唐代朝集使攜帶的簿冊，有考課、刑獄、捉錢品子名、官畜私馬與官船帳，以及僧尼身死還俗帳等，當中牽涉到官僚考績、司法運行、運輸體系和特殊身分者優待事項。朝集使提供的信息，在有形簿冊之外，他對地方風俗的瞭解、國家政策的看法，亦為朝廷採用。

　　唐代元會雖已不具更新君臣關係的功能，但在參與者的位次上，京官、朝集使、外藩的排序，為中國天下觀的實際表現。唐代諸多使職中，唯有朝集使參與多項國家禮儀，顯示其特殊性。朝集使參與的國家祭祀，絕大多數是皇帝曾親祭過、與皇權密切相關的儀式。朝集使曾受安史之亂的影響而暫停，德宗曾短暫恢復，但丕變的局勢已不適合朝集使的運作。中晚唐信息傳遞的管道，由新起的進奏院溝通上下。進奏院是肅、代二朝因時興起的機構，最初為藩鎮服務。進奏院與朝集使曾一度並存，但二者沒有繼承關係。

目　次

第十、十一冊　唐宋法律考試研究

作者簡介

蔣楠楠，女，1987 年生，廣西桂林人。中南財經政法大學法學博士、浙江大學光華法學院博士後。現任中南財經政法大學專任教師、碩士生導師，兼任湖北省法律文化研究會副秘書長。主持國家社科基金青年項目《宋代司法判決中的推理與邏輯研究》（2016）。在《法制與社會發展》《法學評論》《南京大學學報》等核心刊物上發表論文多篇，多篇論文被《新華文摘》《人大複印資料》轉載。曾獲第二屆曾憲義先生法律史獎學金優秀博士論文獎。

提　要

唐宋法律考試制度主要包括科舉制度中的「明法科」、吏部銓選「試判」以及選拔法官的「試刑法」考試，是選舉制度的組成部分。法律考試始於唐而興於宋，一定程度上反映了選舉制度與唐宋司法傳統的內在關聯，具有重要的時代意義。唐朝於科舉考試中首創專門的法律考試科目——「明法科」，並要求及第舉子與低級文官參加吏部主持的試判考試。而宋初統治者在承襲唐代「明法科」以及吏部試判考試的基礎上，創設了選任中央法司法官的「試刑法」考試、官學教育中的律學公試以及胥吏試法等法律考試科目。直至宋神宗熙寧變法時期，法律考試制度發展到了頂峰。

法律考試是唐宋時期「試法入仕人」宦海沉浮中的重要機遇。由於出身、

遷轉、知識結構的不同，不同類型的「試法入仕人」的仕宦道路也有著因人而異的走向。「明法及第人」大多都擔任過法官職務，其仕宦發展與法官職業的聯繫也較為密切，但是他們躋身高位的幾率較低，其仕宦生涯大多止步州縣；「書判拔萃登科人」的仕宦發展與法官職業的聯繫並不大，但他們的遷轉速度則較為迅速；而「試中刑法人」既有較好的儒學功底，又熟練掌握了司法審判的有關知識和技巧，可謂是「文學法理，咸精其能」。並且，他們大多曾就職於基層，熟知吏事，對民間人情世故有著充分的瞭解。由是，「試中刑法人」以參加「試刑法」考試為契機，開始了法官職業生涯，其中多有問鼎中央法司之最高職位者。

唐宋法律考試制度的建立與發展，不僅推動了官員知識結構的改善，而且一定程度上撼動甚至扭轉了官員僅以通曉儒家經義即可為官的慣例，為士大夫階層的時代風貌注入了新元素。唐宋法律考試制度經統治者在總結成敗的基礎上不斷改革，逐漸確立了以「試刑法」作為選拔法官後備人員的考試制度，這一制度的推行直接促使了初具職業化趨向的法官群體的形成。唐宋法律考試制度的發展，一定程度上打破了固化的社會階層架構，增強了社會階層的流動性，逐漸成為影響社會階層升沉的重要因素之一。

目　次

上　冊

第十二冊　馬可波羅與元初國內城市

作者簡介

　　申友良（公元 1964 年農曆 6 月 28 日～），字泰鴻，男，籍貫湖南省邵東縣。歷史學博士、博士後，歷史學教授，現供職於嶺南師範學院歷史系。主要研究專長為中國古代史、中國民族史、中西文化交流、廣東地方史等方面，特別是在中國古代北方少數民族研究、中國古代遼金元時期歷史研究以及馬可波羅研究等方面已經取得了初步的成果。先後出版專著有《中國北族王朝初探》、《中國北方民族及其政權研究》、《馬可波羅時代》、《報王黃世仲》、《馬可波羅遊記的困惑》、《馬可波羅與元初社會》、《史學論文寫作指南》、《馬可波羅與元初商業經濟》、《申氏歷史與名人》、《湛江航海文化》、《探秘：馬可

波羅到過中國嗎？》等 11 部，參編《文物鑒定指南》、《新中國的民族關係概論》、《中國歷史地名大辭典》等，發表學術論文 63 篇。主持完成省部級課題 2 項。

申東寧（公元 1990 年農曆 2 月 28 日～），女。暨南大學比較文學碩士，現供職於五邑大學製造學部。

提　要

本書主要從《馬可波羅遊記》所記載的與中國大陸有關的絲綢之路沿線陸上城市和海港城市作為研究的對象，其中選取了陸上城市 15 座，海港城市 9 座。書中對這 24 座絲綢之路沿線城市，從《馬可波羅遊記》裏的記載、該城市經濟文化發展的原因分析、影響分析等三個大的方面，進行了深入的剖析和研究，使讀者和學術界能夠清晰地瞭解元朝初年特別是忽必烈時期，元朝的內陸城市和海港城市的發展面貌。

通過 24 個城市的個案分析和研究，可以得出兩個主要的結論：

（1）《馬可波羅遊記》中對國內城市的記載是現存少有的反映元初國內城市的外國名著，它詳細記載了元初時期的國內城市經濟和文化的發展情況，這是目前難得的研究元初社會和經濟文化的珍貴材料，值得重視和研究。

（2）在絲綢之路的背景下，由於蒙元統治者採取重商的政策，使得元初的國內城市的商業經濟和社會文化都有著不同程度的繁榮和發展。這些也在《馬可波羅遊記》中得到了證實。

目　次

第十三、十四、十五冊　明代水利社會史研究論集

作者簡介

　　蔡泰彬，臺灣臺東縣人，民國四十三年生。中國文化大學史學研究所博士。曾任靜宜、臺灣海洋等大學副教授，及國立彰化師範大學歷史學研究所教授。著有《明代漕河之整治與管理》、《晚明黃河水患與潘季馴之治河》、《明代萬恭的治黃理漕研究》等書。

提　要

　　從事中國水利史研究，起初著重江南地區的水利，繼而研究明代的漕河，後對黃河史也產生研究興趣。

　　本論集計有十六篇論文，各篇論文的提要，論述如下：

　　〈明代漕河四險及其守護神─金龍四大王〉：永樂九年（1411），南糧北運採行河運後，漕船航行於運河，仍具有「江險」、「湖險」、「河險」、「閘險」等四河段的危險。因此，漕船航行運河，為求一帆風順，大多祈求人格化的河神，其中威靈最為顯赫者，即是金龍四大王。

　　〈明代的巡河御史〉：巡河御史屬於專差御史，主要職責在於督責各級管河官整治漕、黃二河的河務。正德朝以前，尤其在正統、景泰、成化三朝，重視巡河御史功能的發揮，此因漕河管理制度尚未制度化。但正德朝以後，漕河管理系統的制度化，設置總理河道官、管河工部郎中等，使得巡河御史逐漸喪失其功能。萬歷朝以後，即不再派遣。

　　〈明代練湖之功能與鎮江運河之航運〉：練湖位於丹陽縣西北。宣德朝以前，不論練湖是否能發揮接濟鎮江運河的功能，都嚴禁豪民侵佃湖田。中晚期以後，因管理組織不健全，未能予以長期維護，需其濟運，則予以整治；不需其濟運，就任由豪民侵佃，以利坐收湖田租。

　　〈明代貢鮮船的運輸與管理〉：明代的貢鮮船，有馬船、風快船、黃船等，於明成祖遷都北京後，全改為運輸皇室和官方所需的物品。貢鮮船上的督運官多為宦官，因管理不當，常有私載商貨、毆辱官員等情事發生。

　　〈元明時期海運的海險與膠萊新河的開鑿〉：元代和明初，南糧北運是採行海運，但海運有難於克服的山東省成山角的海險。明永樂 13 年（1415）專行河運後，每當漕河被黃河沖斷時，即有倡議復行海運者。而海運行程要避

開成山角的險要，於是主張開挑膠萊新河。膠萊新河首挑於元代的姚演，明代嘉靖年間的王獻、萬曆初年的劉應節又開挑兩次，終未能開鑿成功。

〈明代江南地區水利事業之研究〉：明前期整治水利所需役夫，若是幹河及重大工程，是從里甲按其戶等徵調；若是支河，則督責岸旁田地的所有者，自行修濬。明中葉以後，鄉居地主沒落，里甲制敗壞。於萬曆年間，實施照田派役，係按土地的多寡科徵勞役。

〈明代五朝元老夏原吉治水江南〉：永樂初年，江南地區，一雨成災。戶部尚書夏原吉奉命治水，其放棄整治吳淞江中下游，為疏洩吳淞江上游水，於中游北岸，開挑夏駕浦、新洋江等支河，引河水北流，於劉家河入海。至於整治大黃浦下游，則認為其河床已淤成平地，另於范家浜開挑新河道取代之。

〈明代吳淞江下游河道變遷新考〉：范家浜與南蹌浦口的地理位置，前者位於今黃浦江從松江區東 12.4 公里北至蘇州河口，後者應位於今蘇州河口。至於淤塞的吳淞江下游河道，即今蘇州河的河道；故從正統五年（1440）以後，歷經七次疏浚，於隆慶四年（1570）終被海瑞重新開通。

〈論證《明代御製黃河萬里圖》應繪製於清康熙時期〉：據李錫甫〈黃河萬里圖地理考註〉一文，認為此圖繪於明嘉靖 39 年（1560）以後。但本文依圖中所繪的黃河、淮河、運河上的水利工程，論定應為清康熙 16 年（1677）～26 年（1687）間，河道總督靳輔派人所繪製。

〈晚明黃河下游州縣的環境變遷——射陽湖的淤淺與淮南水患〉：晚明，黃河奪行泗河、淮河的河道入海，對其下游沿岸州縣造成重大的環境變遷。以自然環境言，射陽湖原為淮南最大的水櫃，但在黃、淮諸水衝淤下，形成一條長條形的河道形湖泊，失去原有調節諸河湖水的功能，以致淮南地區的水患愈趨嚴重。

〈論黃河之河清現象〉：黃河自東漢以來，最令歷代皇帝重視者，莫過於黃河清，因在陰陽學說中其關係政權之延續或更替。但就其蘊含的精神，在士民的觀念裡，它象徵祥瑞，為太平盛世的代名詞。

〈明代黃河沿岸州縣生祠之建置與水患災民賑濟〉：黃河沿岸州縣重罹河患，若地方官員能體恤民艱，施予救濟，則百姓感懷之，在其離任時，乃在地方為其建立生祠。黃河中下游州縣，因河患而建置的生祠，已知十六州縣計有二十七座。從建置的時間，嘉靖 25 年（1546）以前五座，以後二十二座，

據此推知：於晚明，黃河水患較之初中期嚴重。

〈從洪朝選治河疏論述明代地方士民排拒黃河入境之心聲〉：洪朝選於嘉靖四十五年（1566）出任都察院右副都御史，巡撫山東兼督理營田。適時，正逢黃河中游河道（潼關至徐州）從最為紛亂趨向單一河道，洪水嚴重威脅山東省臨黃河各州縣。為保境安民，洪朝選上奏「黃河勢將北徙疏」。此一奏書內容，係屬「北堤南分」，即北岸築堤以防黃河北徙，南岸則多開支河以分洩黃河水入淮河。但若就其治河的出發點，反應地方長官為體恤民命，排拒黃河入境的心聲。

〈中國傳統詩文之黃河觀〉：中華民族景仰黃河，但黃河卻是一條年年氾濫的河川。想要瞭解這種民族情感，惟有從歷代詩文，分析其情境方能知曉。此一巨流，充滿美感，具有九曲百折之勢；論其地位，為四瀆之宗，位比諸侯。

〈泰山與太和山的香稅徵收、管理與運用〉：泰山與太和山是道教的南北聖地。明中葉，為籌財源以整修宮觀及支應中央政府等的需要，乃向香客和廟宇科徵香稅。泰山香稅分入山香稅與頂廟香稅，每年約有 7 萬兩。太和山香稅如同泰山的頂廟香稅，每年約有 4 千兩。泰山設有總巡官與分理官，管理較嚴謹；太和山是由太監提督，帳目較不清。

〈明代太和山的行政管理組織〉：太和山是明代皇室欽定的天下第一名山。山場的行政管理有三層：上層：提督藩臣和提督內臣；中層：玉虛宮提點、均州千戶所。下層：均州千戶所軍餘、曾服務於太和山的千戶所正軍，及均州百姓。

這十六篇論文，希對中國水利史研究園地，有所助益。

目　次

上　冊

中　冊

第十六冊　清代買賣契約地區差異性的初步研究——以清水江、徽州和浙東地區為中心的考察

作者簡介

李秋梅，女，1976 年 9 月出生，教授，博士研究生，現在青海廣播電視大學任教，長期從事開放教育教學工作，主講《馬克思主義基本原理概論》《形勢與政策教育》《公共政策概論》等課程。青海省優秀教師，青海省高校思想政治理論課教學能手，青海省優秀專業技術人才，榮獲青海省高校中青年教師教學優秀獎 1 次，青海廣播電視大學教學競賽二、三等獎各 1 次；國家開放大學「青年學術新秀」。主編撰寫教材 2 部，參與撰寫著作 3 部，主持完成省級課題 3 項，廳局級課題 1 項，校級課題 2 項；參與完成省社科規劃課題 2 項，廳局級課題 4 項；參與建設省級和中央電大精品課程 1 門，主持建設校級精品課程 3 門，參與建設 1 門。

提　要

買賣契約關乎百姓日常的生產經營、財產交易、家庭生計，對各類物權佔有的界定、經濟權屬的劃分、家庭與家族經營收益的穩定預期也有積極作用，是維繫市場交易秩序、規範人們的經濟行為，乃至推動地區經濟社會發展的重要保障機制之一。清代清水江、徽州和浙東三個地區的買賣契約，由於受到當地自然地理環境、經濟發展水平與結構、文化風俗的影響，無論在

契約構成要件，還是訂立程序方面都存在較為明顯的差異。再加上中國傳統社會所具有的血緣與地緣高度重合的特徵，以及清代民事法律的相對簡陋與粗鄙，各地區的「鄉規」「俗例」對契約實踐發揮著重要的規範作用。由此，國家、鄉族力量及契約主體經濟利益訴求在不同地區不同時期的對比與變化直接造成了買賣契約在形式與內容上的差異，契約關係始終在以戶籍為經和以地籍為緯的制度框架以及宗法精神的背景下發展演變。這種差異是清代清水江、徽州和浙東三地經濟關係和法權關係及其發展變化最直接和最具體地反映。瞭解和分析不同地區買賣契約的差異性有助於探尋中國古代經濟社會運行的真實圖景。

目　次

第十七、十八冊　教養相資：清代書院考課制度

作者簡介

劉明（1988～），湖北隨州人，歷史學博士，北京師範大學社會學院博士後，先後求學於中南財經政法大學、上海社會科學院、中國社會科學院研究生院，於《北京大學教育評論》、《武漢大學學報》、《安徽史學》、《近代中國》、《歷史教學問題》、《高校圖書館工作》等發表論文多篇，研究方向為近代教育史、近代思想文化史、歷史社會學等。

提　要

書院考課制度淵源於宋明，但其時考課皆未成為書院主導性建制。清初書院制度沿襲了晚明書院講學之遺風，然隨著內在的學術理路以及外在的政治社會環境等的變遷，書院的主導性制度逐漸由講學向考課轉變，加之清代科舉制度的逐漸定型特別是「八股取士」風氣的形成，至乾隆中後期，清代書院形成了以八股試帖為肄習內容，以考課為主導性制度，以考課式書院為主流型式的基本特徵。從制度來看，書院考課制度的基本類型包括甄別課、官課、師課、月課、季課、內課、外課、小課、加課、特課、孝廉課、觀風課、決科等，其制度的基本規程則包括肄業資格、規模、局試、散卷、課卷、課藝、待遇及獎懲等，通過將其制度設置以及實踐對照考察，基本釐清了書院考課制度的制度內涵以及清代書院制度的基本運作形式。

從書院與學術變遷的關係而言，在嘉道以來漢學之風的興起以及晚清西學新學之風的興起中，書院考課都充當了重要的制度條件。嘉道年間，由阮元創設詁經精舍、學海堂等為倡導，以專課經古及兼課經古為基點，經古學以書院為陣地迅速發展起來，雖然書院制度的基本型式未發生改變，但肄習內容的改變重新恢復了書院的學術功能。時至晚清，書院課試之經古學中，

詞章之學日益淡化，掌故、算學、時務等愈益凸顯，分齋課士之制漸次推廣，最終演進為西學新學佔據書院課士之主導地位。此階段之中，如上海求志書院、寧波辨志書院等，雖為考課式書院，但通過採用分齋課士之制，並且利用報刊等新式傳播媒介，推動了大量士子接觸西學新學知識，成為晚清製造社會輿論，促進學術風氣轉移以及生產新式人才的重要機制。

在書院以考課為主導性制度，以考課式書院為主流型式的情形下，書院山長僅負責考課之命題判卷，士子肄業書院大抵亦僅為參加考課而已，師生之間並無授受，且書院各類弊竇充斥，此種情形，自然難以滿足晚清時代迫切的新式人才需求。救弊之需以及西式學堂制度的典範作用，使得書院制度中考課之主導性地位逐漸轉變，越來越多的書院強調住院肄業，書院教學法也逐漸豐富，日記劄記法、日程法、講授法佔據愈益重要之地位，伴隨此種轉變，傳統書院山長之職掌也從考課為主到以教學為主，從遙領到住院，從主導書院到僅負責書院教育等諸多方面的變遷，呈現出向現代教師的轉型。書院制度以及肄習內容的轉變，為書院制度向學堂制度的轉型提供了基本前提。

目　次

第十九、二十、二一冊　粵北歷史文化研究

作者簡介

　　曾國富，1962 年 9 月生，廣東湛江人。1984 年畢業於中山大學歷史系，歷史學學士。1986 年 9 月至 1988 年 2 月，在江西大學（今南昌大學）歷史系中國古代史助教班進修壹年半。1996 年 12 月被評聘為歷史學副教授。在湛江師範學院（今嶺南師範學院）從事《中國古代史》、《史學概論》、《中國教育史》、《廣東地方史》等課程的教學和中國古代史（五代十國段）、廣東地方史的研究。在《中國史研究》等國內學術刊物發表史學論文百餘篇。

提　要

　　韶州府是明清時期廣東境內「十府一州」之一，管轄曲江、乳源、樂昌、仁化、英德、翁源等六縣。粵北地方山秀石奇，人性勁直尚節概，即使平民百姓也可激勵以義。歷史上，中州不少著名人物因故而被貶逐至粵北，對粵北歷史文化有重要影響。明清時期，連州地方官對於作亂的瑤族大都採取剿撫兼施，以撫為主的對策。該州地處五嶺山區，貧窮落後，因而在古代成為封建王朝貶謫、流放朝廷官員的理想之地。南雄，簡稱「雄」，古稱「雄州」，也稱「南雄州」，府轄保昌、始興二縣。清遠縣不僅風光秀麗，而且地方富庶，

商業繁盛，有著悠久的歷史文化。

地方志是歷史文化的重要組成部分之一。明清時期粵北地方志的纂修呈現若干特點：（一）府、州、縣地方官對於方志修纂的高度重視；（二）地方士紳的積極參與；（三）追求實事求是的纂志原則；（四）力求記述內容之詳盡豐富；（五）注重深入鄉村，實地調查訪問；（六）經歷艱難曲折。明清時期粵北地區方志修纂的歷史意義：（一）方志是統治者瞭解地方情況以決定施政方針策略的一個重要途徑；（二）方志肩負著為朝廷編修國史或「一統志」提供資料的使命；（三）能對社會起教化作用。

唐代，廣東歷史上出現了一位佛教界著名人物——惠能。惠能少年時期以打柴為生，生活艱苦，目不識丁。後北上蘄州黃梅縣（今屬湖北）東山（禪）寺拜師學法，受到該寺禪宗五祖宏忍的賞識，得授《金剛經》及禪宗初祖達摩所傳木棉袈裟。於是，一個目不識丁的樵夫神奇地成了佛教一個教派的領袖——禪宗六祖。惠能的代表作是《壇經》（又名《六祖壇經》）。這是唯一以「經」冠名的中國佛學著作，後被譯成日文、英文等多種外文版本，流傳到世界各地。可以說，自惠能之後，才有了真正的中國佛教。故惠能又被稱為中國佛教的開創者。

自東晉南朝以來，隨著封建統治向我國南方轉移，佛教也隨之傳入廣東；加之粵北地屬山區，人民生活貧困，又是「四戰之地」，戰亂頻仍，為佛教的發展創造了合適的條件。粵北地區佛教建築的興建，最早開始於東晉，歷經南朝、隋、唐以迄明、清，代有續建，以至名山秀水多為寺庵佔據。縱觀古代粵北地區佛教寺院的興建及維持，可以看出有以下幾個顯著特點：（一）從地方民眾與佛教的關係看，地方官紳士民努力為寺院之發展、僧侶之生活排憂解難；（二）從寺院本身的發展及布局來看，粵北寺院大多歷史悠久，地處偏僻，風光旖旎，景色優雅迷人；（三）高僧大德輩出，治學而兼濟世；（四）統治者重視寺院主持人的選拔。

目　次

上　冊

第二二、二三冊　晚清「文化家族」的構建──以瑞安孫氏為中心

作者簡介

凌一鳴，男，1987 年生，安徽淮南人，現為天津師範大學古籍保護研究院講師。安徽大學管理學學士，復旦大學管理學碩士，浙江大學歷史學博士，天津師範大學在站博士後。2019 年 11 月 2 日～2020 年 6 月 26 日，應邀赴美國普林斯頓大學東亞系與東亞圖書館訪學，參與該校中文古籍編目。主要研究方向書籍史、古典文獻學、版本目錄學。發表《晚清士人的書籍往還網絡建構與地方文化權威的樹立──以瑞安孫氏為例》等學術論文若干篇。

提　要

明清時期，許多地方士紳以家族形式在內部建立學術文化的傳承機制，並向外產生輻射影響，在地方上形成了所謂「文化家族」的形象。時至晚清，隨著環境的急劇變化，一些後起的士紳家族難以完全沿用長期以來的成功模式，謀求家族發展，故而根據時局和自身的特性因勢調整，以期迅速崛起並長久延續，溫州瑞安的孫氏家族即其中一例。

瑞安孫氏興於晚清孫衣言、孫鏘鳴兄弟的科舉成功，依賴二人的官方身

份而實現地位的迅速提升，並在太平天國前期達到頂點。金錢會事件爆發後，孫衣言兄弟在地方勢力博弈中積累的隱患暴露無遺。在眾叛親離之下，不但孫衣言兄弟苦心經營的成果付之東流，孫鏘鳴的仕途也走向了終點。

經此重創，孫衣言開始反省家族建設策略，放棄了以政治為中心的規劃，引導家族建設的路線向學術文化方向偏移。儘管在鄉學脈絡構建層面，孫氏無甚創見，甚至為了獲得更廣泛的認可，有意混同文脈與學脈的意涵。但借由長期大量的鄉邦文獻整理工作，孫衣言依然逐步夯實了自己的鄉學權威地位，並沿著由個人而家族的取徑，實現「鄉學家學化」的進程。為了配合家族的轉向，瑞安孫氏也在家族設施上做了相應的調整。通過新居的營建和族譜的修訂，孫氏力圖填補自己單薄的家史。出於凸顯家族以文化為傳承的特性，瑞安孫氏積極建立家族教育機構，以及藏書樓。

孫衣言死後，其子孫詒讓為了順應時代需求，對家族發展策略作了一些修正，但其由文教切入重新介入地方政局的計劃最終未能實現。隨著時間的推移，瑞安孫氏文化家族的形象愈趨穩定。新一代的地方士紳掌握了地方文化的話語權，他們承認並利用孫衣言、孫鏘鳴、孫詒讓作為歷史人物的地位，以統合地方各勢力的博弈。孫氏家族本身反而喪失了對於逝去不久的家族成員的闡釋權，成為新鮮的歷史記憶和「活著的紀念碑」。

目　次

上　冊

第二四、二五冊　清代官帽頂戴研究：以臺灣考古出土與傳世文物為例

作者簡介

　　廖伯豪，國立臺南藝術大學藝術史碩士，學生時代參與各項文物調查研究、歷史考古發掘整理、文物保護等學術工作。畢業後相繼服務於國史館、國立故宮博物院器物處、國立成功大學博物館、國立臺南藝術大學藝術史學系，擔任專案研究助理及共同研究人員，專長為文化資產古物類研究、清代服飾史、中國古器物研究、文物測繪，現為成功大學歷史系博士研究生兼任歷史系歷史文物管理專員。

提　要

　　清代官帽與頂戴研究過去僅做為附屬於清代服飾與首飾研究之下的子課題，學界多普遍討論其制度與形制特徵的特點。本次研究採用兩岸考古出土與臺灣本地歷史傳世資料，透過實地考古發掘、田野調查、科學檢測與測繪

等方法，從帽頂內部結構的角度，探討風格演變與物質文化間的交互關係。

　　本文首先針對金、元、明三代考古出土的帽頂形制脈絡進行梳理，進而探討清代頂制的發展淵源。並透過實際文物與文獻的觀察，圖解清代官帽與頂戴的結構特徵，同時論述清代服制的特點。至第肆章開始，筆者使用兩岸考古出土與歷史傳世的頂戴文物，進一步梳理其裝飾風格與內部結構的演變歷程，並以此判讀國內部分典藏單位之官帽收藏，為清代服飾文物鑑識研究提供學術性的參考。

　　此外，本研究亦回歸物質文化的脈絡，關注清代官帽與頂戴生產、消費與使用方式，企圖建構清代臺灣官帽使用的具體面貌，並藉由田野調查過程的見聞及其研究成果，對於古物研究專業如何協助地方機關施行古物分級普查，分享個人的淺見。

目　次

上　冊

第二六、二七冊　民族文化傳承與「國家級」非物質文化遺產保護之研究——以yal lengc（侗錦）為例

作者簡介

劉少君（Kuli‧Kilang），花蓮縣娜荳蘭部落阿美族人。學歷：國立政治大學民族學博士。專長：民族學、大陸西南少數民族文化研究、臺灣原住民族文化研究、博物館文化近用與推廣教育設計。現任國立臺灣史前文化博物館研究典藏組助理研究員，主要任務：展廳友善導覽規劃、文化近用推廣教育活動。

提　要

在全球化的影響下，傳統與現代的衝突顯得尤為尖銳，如何保護並發展傳統的民族文化，是普遍面臨的議題。

侗錦產生於侗族的生活中，展現出豐富而精彩的圖案紋樣，強烈地反映了他們對生命、大自然和民族文化的熱愛和崇敬，同時也滲透著民族文化的樂觀精神、凝聚著人們對美好未來的嚮往，侗錦可以說將侗族最真誠的情感表現了出來。

本研究地域範疇以湖南省懷化市通道侗族自治縣的侗錦傳承區域為主，侗錦傳承區域占全縣面積 60%，主要分佈在該縣之西部以及南部百里侗族文化長廊的各鄉鎮。

作者在通道縣以及周邊的其他侗族地區田調時間前後長達七年，對於通道縣的侗錦進行了具體的收集和整理的工作。立基於這個基礎之上，作者充分瞭解了關於通道縣侗錦藝術的形成背景、產生因素、內外的特徵以及目前的實際情況，同時也深入探討其蘊涵的文化精神、現代價值以及其在工藝美術中的運用。此外，本文也結合織錦文化資源保護的現狀，分析政府與民間所採取的傳承原則與實際方法。

　　本研究期許通過對通道侗錦的整理與分析，找出侗錦藝術存在的各種意義與價值，並希望以此引起社會對通道侗錦文化從認識進而重視、從重視進而保護與弘揚。因此本研究透過從政府保障非物質文化遺產的角度入手，對非物質文化遺產保護的具體執行層面進行探討，其中主要是探討政府應該如何扮演傳承文化主導者的角色。作者先由戰略層面探討政府對侗錦織造技藝如何保護與傳承、如何制定政策、如何復振，再由戰術層次探討政府如何組織民間所擁有的研習管道、如何強化傳承人與學習生之間的互動狀況、如何開展侗錦的未來等問題。

　　本研究最後的重點聚焦於侗錦文創可能性的分析。侗錦展演如何在各項文化體驗活動中展現其潛力，俾便達成藝術生活化的可能性？侗錦文化如何以文化創意產業的型態經營，俾能超越地域性的侷限？當大眾聚焦在文創產品的真實性議題的時候，如何藉之促成族人對於侗錦文化認同的差異性，以及侗錦如何在村寨形成傳承認知的效應？侗錦藝術是否能夠活化通道縣侗錦文創產業的契機，進而提升侗錦文化發展的主體性？

　　本研究最終期待透過這樣以學術性的方式，探討侗錦非物質文化遺產的生存與發展現狀，提供侗族在進行適度保護性旅遊與再利用政策的時侯，將這一項國家級的非物質文化遺產推向市場、推向國際。

目　次

上　冊

第二八冊　項穆《書法雅言》研究

作者簡介

　　江慧芳，臺灣宜蘭人。中國文化大學中國文學系（中國文學組）畢業，國立嘉義大學中國文學系碩士，現任雲林縣東明國中國文科教師。

提　要

　　《書法雅言》乃明朝項穆所著，相較於歷代隨筆式的書論，算是一套比較有系統的書學理論。書中以王羲之為正統，排斥蘇軾、米芾，反映明朝書法發展潮流的課題，因應當代現象項穆提出個人獨特的見解，企圖為書法確立正統，端正學習書法寫作的觀念、態度、學習對象、目標、方法……等，同時論及書法審美角度與價值功用等議題，藉此指出書法學習和發展的理想方向。

　　項穆在寫作時，常旁徵博引，多方舉例，文辭滔滔、鏗鏘有勁，是以本論文企圖透過文獻分析，歸納《書法雅言》十七篇之編排、寫作特色及其中有關書法之哲學思想觀和學習主張，藉以理解項穆所欲傳達的書學信念以及他如何建構一套完整的理論體系。

　　本論文章節安排和內容概況為：第一章緒論，敘述研究動機、目的、範圍、方法、前人研究成果等，第二章探討項穆生平事略與成書背景，第三章簡要整理《書法雅言》現存善本概況、進而探析《書法雅言》之相關詞義內涵、哲學思想與書法學習主張，第四章探析《書法雅言》寫作風格，分別自「條理井然的編排架構」、「哲學思辨的論證方法」、「旁徵博引的論述筆法」、「鏗鏘有力的句法形式」四方面加以歸納、闡述項穆的寫作風格，最後統整研究成果，完成第五章結論。

目　次

第二九冊 民俗‧生活與禮制

作者簡介

俞美霞，台師大國文系學士、文化大學藝術研究所(美術組)碩士、文化大學中文研究所博士。研究範疇以民俗、器物、工藝美術、書畫、文字為主。甫退休，現職台北大學民俗藝術與文化資產研究所兼任教授，並先後任文化部文資局、台北市文化局、桃園市文化局、台北市文獻委員會、台北市殯葬處等評審委員；曾經擔任民藝文資所所長，台灣藝術行政暨管理學會理事長，並於南天、藝術家、花木蘭出版專書 9 本，發表研討會論文、專書論文、期刊論文計 70 餘篇。

提 要

本書之目的在於探討「禮」之內涵、儀式與功能。畢竟，「禮」不僅是安身立命的修為，更是安定社會、富國強兵的重要憑藉，「不學禮，無以立。」也可見「禮」和我們的生活關係密切並影響久遠。

是以本書就「禮」之內涵與儀式為依據，並以「犧牲玉帛」具體物質為

規範，闡述「禮」與習俗、物質文明及社會制度發展之關係，是以羅列八篇論文以貫串全書宗旨，希冀於「禮」能有更深入之理解，進而發揚光大。

至於這八篇論文分別是：〈端午之源起與歲時飲食〉探討節氣轉換時的歲時飲食以養生、〈生命禮俗中的湯餅宴探析〉則是作壽延命的生命禮俗飲食象徵、〈國宴食單與臺灣飲食文化探析〉則可視為「賓禮」進退應對的飲食活動；當然，不可或忘地，「玉」是祭祀儀式中最高規格的珍貴器物，是以本書收錄〈從兩岸故宮倣古玉件談其尊古意識〉及〈玉件作舊剖析——以兩岸故宮博物院藏為例〉二文，說明玉件與禮制間的關係，畢竟，「玉」是文化載體的重要內涵，寓意尊古之旨；類似的思想也可見於北方民族，並可與〈從捺鉢談北方民族的用玉習俗與鑑定〉一文相印證。

另外，本書又輯錄〈從絲織品看楚人墓葬習俗及其影響〉一文，闡述絲綢的重要性及與禮俗制度間的關係；又有〈禘祫文化考——兼論古蜀王國源起〉，探討古蜀王國的源起及祭祀習俗，希冀對祭祖儀式——尤其是大合祭祖先的祫祭——能有更清楚的認知，從而理解「禮」是生命核心價值的重要意義。

目　次

禮是生命的核心價值——代序

第三十冊　炕的歷史和炕文化

作者簡介

李德生，1945 年出生。籍貫北京，現旅居加拿大，係加拿大文化更新研究中心研究員，致力於東方民俗文化和中國戲劇之研究。著有：《煙畫三百六十行》（臺灣漢聲出版公司，2001 年）、《老北京的三百六十行》（中國山西古

籍出版社，2005 年)、《煙畫「四大名著」》(中國百花文藝出版社，2006 年)、
《丑角》(中國百花文藝出版社，2007 年)、《京劇的搖籃──富連城》(中國
山西古籍出版社，2008 年)、《昔日摩登女郎》(中國江西教育出版社，2010
年)、《清宮戲畫》(中國百花文藝出版社，2011 年)、《一枝梨花春帶雨──說
不完的旗裝戲》(人民日報出版社，2013 年)、《粉戲》(臺灣花木蘭文化事業
有限公司，2021 年)、《血粉戲》(臺灣花木蘭文化事業有限公司，2021 年)、
《束胸的歷史與禁革》(臺灣花木蘭文化事業有限公司，2021 年)。

提　要

　　中國北方農村的土炕，對於世世代代躬耕壟畝的農民來說，有著難以言
喻的深厚感情。但是，沒有人能說清土炕的歷史，更沒人記得它是那位聖人
的發明。然而，土炕卻是昔日北方農人的全部。他們可以沒有鹽油吃，沒有
燈盞點，沒有像樣的鋪蓋，但不能沒有土炕，沒有土炕的房屋就不成其為家。
土炕是農人賴以生存的至寶，他們「生於斯，長於斯，歿於斯」，一生都與土
炕打交道。即使是離開了農村，遠遊於千里之外，或是住入城市中的高樓大
廈，睡在了舒適的沙發床上，仍然會時不時念及「鄉間的土炕」。

　　作者在文化大革命之後，曾在國家體改委屬下的《中國農村經營報》工
作，以記者的身份深入農村調查，東北、山東、冀中、內蒙一帶是經常跑的
地方。在與廣大農民、村幹部、文化館員的接觸中，寫下了很多採訪文字，
其中，關於「炕」和「炕文化」的研究，亦有一些心得體會，書成此文。

目　次

第三一冊　越南雄王文化研究

作者簡介

　　裴光雄，越南海陽省人，越南胡志明市師範大學學士、靜宜大學中文所碩士、成功大學中文所博士，曾擔任越南國家文化藝術院遺產文化研究組副主任，現為國立高雄大學東亞語文學系助理教授、世界保生大帝廟宇聯合顧問委員會委員、國立成功大學越南研究中心國際越南語認證團隊、國立成功大學 Viet Nam Hoc 學報的委員會。

　　研究旨趣在探討越南民間信仰、風土民情，以及越南華人文化，透過訪談、田野調查與參考文獻等方式，進行在地思辨與論述。參與編寫：陳益源、裴光雄合著《閩南與越南》執行計劃（越南文化部）有 2014 年：越南傣族祭祀石狗習俗研究；2015 年～2016 年：越南傳統廟會中的異端及敗俗情況；2020 年～2022 年：109～110 年度東南亞語課程及檢定計畫。

提　要

　　越南雄王文化歷史悠久，為越南獨有的文化特色之一。此種文化起源於宗族來源解釋的神話傳說類型，又這些神話傳說被記載於中國上古書籍，如：《廣州記》、《舊唐書》、《水經注》、《太平御覽》等，以及越南的《嶺南摭怪》、《粵甸幽靈集》和史書，如：《大越史記全書》、《安南志略》等也都有記述，另外還有富壽省南定省的玉譜、富壽省口頭相傳的民間神話傳說。因其價值珍貴，故亦被越南人相當看重。這些雄王神話傳說被有意設計為共有 18 任君

主,且被稱為雄王時代。其中除了〈鴻龐氏傳〉為專門解釋雄王時代的來源之外,其餘的如〈檳榔傳〉、〈蒸餅傳〉等則著重於解釋越南的傳統文化習俗,例如:過年吃粽子、吃檳榔、紋身等習俗,或是說明有關農業耕作、發明五穀、戰爭等神話傳說。

這些神話傳說的共同點在於,每篇故事或多或少都會論及雄王及其相關事蹟,諸如:十八世雄王、發明五穀、教導人民耕作、雄王仁慈博愛且英勇無畏的國王形象,與受其統治之下的百姓生活安樂等等情況,這亦說明了為何越南人如此尊崇雄王時代,以及奉祀十八世雄王的重要原因。在越南人心目中,雄王是越南上古第一個朝代。之前的封建君主亦會利用雄王的形象與祭祀信仰鞏固自己的地位,並藉以號召人民團結保護國家。因此不管多少年過去,雄王文化都不曾被掩沒,甚至還更加廣泛流傳,連各種雄王相關的文化習俗、信仰、神話傳說等都得到妥善保存。後來雄王祭祀廟宇隨著時代的演進慢慢朝南發展,日益蓬勃壯大。而且在越南政府成立之後,他們繼續發揚雄王文化的價值,一方面保護傳統文化,另一方面持續塑造雄王國祖的形象,進而更容易團結人民的觀念、思想。

綜上所述,雄王文化無論從哪方面來看,如歷史、文化、文學、民間信仰,或文化交流的角度等等,都有其非常高的價值。僅管經過數百年的歲月,雄王仍保持其崇高的地位,並且不斷地鞏固人民宗族文化、飲水思源的觀念,更團結了宗族的團結意識。換言之,雄王文化貫穿了整個越南的歷史,凝聚了越南的民族意識形態和精神體系。

目 次

第三二冊　1849～1877年間越南燕行錄之研究

作者簡介

　　阮黃燕，1985 年生於越南河內市。2015 年畢業於國立成功大學中國文學系，獲博士學位，現任教於越南胡志明市人文社會科學大學。曾任哈佛燕京學社訪問學者（2020～2021）、國立中山大學訪問學者（2019）。研究興趣主要在於探討越南以及東亞知識分子在歷史鼎革時期如何定位並調和「自我」與「他者」之間的關係。目前主要研究方向包括：中西文化交流、越南漢文學、越南及東亞使程文學（燕行錄）、越中文學比較等。已發表學術論文多篇，譯有《陳長慶短篇小說集》（越南文版）等。

提　要

　　十九世紀對於東亞地區來講，可以說是「一個特殊時期」。當時，越南周邊的許多東南亞國家和地區，已經步入了殖民地時代。而中國，東亞文化圈的宗主龍頭，亦正要面臨一場「三千年來未有的大變局」。1800 年之前，中國無疑是一個強盛無比的龐大帝國，但到了乾隆（1735～1796）末年，中國就開始衰弱，並要面臨著來自西方各國的威脅。反觀越南，經過嗣德（1847～1883）前幾年相當平靜的局面，緊接著就是長期動盪不安的時期。國內動亂頻繁發生、經濟蕭條、吏治衰敗等，再加上不請自來的西方客人，更讓嗣德

政府手足無措。

　　西方勢力的入侵及其所帶來的危機，重重打擊了東亞各國恪守千年的傳統儒家文化和信念，直接威脅他們的主權和存在。由於越中兩國情況尤為相似，因此當時被派出使中國的越南使節，有機會耳聞目睹國外的各種情勢和經驗，擴大了他們的知識和視野，從而改變他們對自己、對天朝、對世界的認識。同時，亦為治理國內情況提供了可以借鑑學習的內容。有基於此，本文以 1849～1877 年間，越南使節出使中國所創作的燕行作品為基礎，透過整理與研讀相關文獻，從文學、文化、歷史學的角度，探討西力東漸大背景下，越南使節士大夫如何看待當時的中國與西方勢力以及各自的命運。同時討論使節出使回國後，如何利用出使期間所學到的知識，應用於解決越南正要面對的大問題。這有助於推動越中兩國關係、越南被殖民前的歷史、越南燕行錄以及東西文化碰撞等多方面的研究。

目　次

狄宛第一期以降瓳疇曆圖與流變體釋
——狄宛聖賢功業祖述之三（第一冊）

周興生　著

作者簡介

周興生，男，生於 1962 年，陝西長安杜陵人。自號杜周生，別號壺覆子。西北政法大學副教授，德國漢諾威（今萊布尼茲—漢諾威）大學法學博士，碩士研究生導師。

研究旨趣：中西星曆文明源跡與比較、信仰源跡、宗種與世系源跡、《易》曆源跡、法刑律源跡、文言源跡及政治源跡。

十八年以來，不改學術方向。庫既往求學閱歷、經籍讀問、掘錄與舊說讀問，多題域討是，圖便奠基東西方學術會通之津梁。

提　　要

察百年彩陶識見而出其疑，討譔是之困，經緯器識之途。究狄宛人祖生殖，正交依時節，改媾時以由日食，察宗女以弧伏鬱。

考瓬疇家丸藝寄曆，義類膏汁以彰赤晝義，顯黃赤道交以判丸瓦底擺幅。考見葬闕丸要與渾丸曆象、影日。考日食敗氣率致勒羅納日烏月丸正朔。考 H398：24 生殖日鬱念聯，更繪圖之道，補正遺跡曆考。揭帝事三義、距星之念。考宗女以由日鬱使男子被懲，補釋星曆數「八」。

考北首嶺宗女增占屠肆、宗星等，答設《爾雅》親黨十二問，揭狄宛 M219 宗擗豫日鬱。考 6500 年前夏至日鬱於午後，釋西水坡 M45 黿戲王事紀鬱並「造乎震」。

考狄宛瓦面瓬疇圖本勒記、畫作，揭天象、瓦硎等致圖。見色地之匹，察義寄於色狀、動向、穩止，以色所別範，揭影線義別。別圖樣八等：寄日鬱畫、寄不怡於苦難畫、寄祁正曆譔嘉穀不成而兆食菱角畫、譔曆算寄月要肜日與寄匕直芟日圖、影日肜日圖、豫日鬱圖、寄歲時察星圖、日鬱影日肜日與羅賀圖變。考顯宗身日環鬱咸羅瓠圖，及羅賀《易》圖。

鑒半坡 P.4692 內菈黃道及北天格羅圖、P.4666 格羅日烏曆算致中黃實算。考日環鬱垂照變重消息、日環鬱光波動、縱截錐影三角輻輳等。考龍崗寺 M324：1 證《周髀》立周天曆度。揭姜寨日環鬱圖兆瓬疇男欲改元，男宗不得登極，并圖並春秋分間日鬱咸羅，夏至日環鬱過極圖納七日豫日鬱。顯屠肆非嫡及曆卜勒記。

鑒日環郁風翅圖本日環鬱匕旋肜日、夏至日環鬱日影過極圖即太一帝源、日環鬱影日肖蝌蚪天黿、宗治寄鴞。

鑒南臺地光面冥盂本元君廟器藝，考見北疆瓬疇圖兆景雲、申戎二氏合婚。鑒太平莊 M701 葬冥君。考宗女承黿戲夏至正朔得穀嘗新、設建，赤帝乙后。

聶考蚩尤「乃」、「形天」、「爭神」，鑒赤帝器賂黃帝，景雲氏承狄宛木星紀年。考大墩子 M44：13 存證蚩尤曆為龜卜，揭瓦雕逼仄瓦圖，釋「太硎」「甲兵」以論刑源。

考媧祖乙教，揭黃帝生身歿以二十交點年。婦好世系考顯狄宛文明距今約 9400 年，其墓骨器星圖考揭太初北極星來自胥星，諸夏文字本五等工記。

算顯曆法變遷，星察以迄手度曆算，由芒弟曆夜變為芒弟曆日。考占天地數命嗣與昔算，二章部與預產曆法，及甲子六十歲紀，顯蚩尤歲曆。

Zur Erinnerung an meine Eltern
以此著作紀念我父周清貞、我母高玉琴

Hinter Fachwissen spannen sich die
Termini verbunden.
格知恒背羅約。

目

次

第一卷　新石器期初瓦器畫作是討困識

一、壹世紀掘理者器殘紋識見

（一）上世紀二十年代迄四十年代掘理者器殘紋識見

1. 安特生施密特識見

1）安特生彩陶說與袁復禮譯

（1）安特生識見

Patterns of painting [註1]: The patterns used for decorating these ceramics are exceedingly varied. It seems as if the ancient Yang Shao artists were but little bound to conventional designs or that they possessed a creative power of developing the inherited patterns into endless individual variations. This flexibility of the designs makes it difficult to afford an adequate description. The following classification may give some idea about the main groups of patterns:

1. Bowls (of comparatively big size) decorated only with a black band round the rim. XIV:4 is a vessel with a narrow band, only 8mm. broad. IX:1 has a band 44mm. broad. Another fragment, not figured, has a marginal band of not less than 56mm. width. Another specimen of this group differs from the rest in that the band is not black, but of violet-red color.

〔註1〕A form or model proposed for imitation. Merriam Webster's Collegiate Dictionary, Eleventh Edition, Merriam Webster, Incorporated, Springfield, Massschusetts, U.S.A. 2003, p.909.

2. Bowls with richer decoration in many varied patterns. IX:2 is a bowl, undecorated excepted a marginal band consisting of triangles between two horizontal lines.

The trichrome vessel XII:1 is probably of an allied pattern, but too little is left of the lower part to prove that this was undecorated. The marginal band is in this case more complicate, consisting of regularly repeated groups of a triangle, a curved line and a dot.

XI:2 is a small fragment, the main feature of which is two triangles in juxtaposition. This element of design is interesting because it is exceedingly common in the painted pottery of Susa (W. Persia), both of the first and second period.

XI:14 is a bowl of interesting design. At the margin is a band of trelliswork cross-lines bordered below by a straight horizontal line with three parallel lines underneath. Lower down there are groups, each consisting of three long parallel S-shaped lines. At the bottom there is a circular line with superposed wave-lines.

Trellis pattern was also used in vertical bands bordered by parallel lines as shown in XI:7. There is striking similarity between this specimen and XI:9, only with the difference that the vertical band with trellis pattern in XI:7 is left empty in XI:9. XI:1 is also related to the two just mentioned specimens.

Another application of trellis pattern is shown in XI:8.

An interesting group of small bowls of high polish, are XI:2-5. The paintings of two of them at least, XI:3 & 4 might very well have been derived from flower designs(s. a. p. 338).

In addition to the groups already mentioned there are several isolated types such as XII:4,6 & 8 which are little known because of the imperfectness of the material at hand.

3: Vessels with flaring rim. Decoration sometimes very simple, as in the case of XII:3. Often it is more complicate, consisting of curved bands,triangles and round dots. (IX:4, X:5). A pattern often met with upon the vessels with flaring rim is a horizontal band with trellis cross-lines between two horizontal bordering lines. That design is also common upon vessels with flaring rim from other localities such as

XIV:1, XIV:2, XIV:5. However, it must be noted that horizontal trellis bands occur also upon simple semiglobular bowls such as XI:14. In a general way it can be said that certain patterns preferably go with certain types of vessels; but there are considerable exceptions from such a rule〔註2〕.

（2）袁復禮譯

花紋種類不一。似乎仰韶時代之人類不喜守舊，故將祖傳之花紋屢加改變，生無窮之種類。此種不同之花紋，實難以文字形容其詳。下列各種，只可表其花紋種類之大概。

一、較大之碗狀陶器。口之周圍有黑色條紋。第十四版第四圖表此種條紋之狹者，寬不過數公釐耳。第九版第一圖所示之條紋，寬四十四公釐。尚有一碎塊有黑紋，寬約不及五十六公釐。尚有一碎塊之條紋為紫紅色。

二、碗狀陶器之富於花紋者，第九版第二圖表示一碗狀陶器。無花紋，惟口部有二黑線，二線之間有三角形。第十二版第一圖之三色陶器，花紋較多。但其底部之碎塊所留甚少，故不能證明該器底部無花紋也。沿邊之花紋帶更形複雜，包括各種三角式，與一曲線、又有一點。

第十一版第十二圖所示，係一小碎塊。其花紋大致係兩個三角式顛倒相接而已。此種花紋於秀賽期所產之陶器中似頗多見（比較茅干氏之專著第十三卷第六版第七版第八版第二十七版又第三十一版）。

第十一版十四圖所示，係一碗狀陶器。頗有義味。沿口有斜交黑線帶一道，其下有並行線三道，其下更有各種花紋，每種由三個 S 形之並行線組織而已。底部有一圓線，其上加以波浪形之曲線。斜交線之花紋有用於直帶者，例如第十一版第七圖是。此圖所示之標本，與同版第九圖所示者相同。惟第九圖無斜交線而仍為白地。第十一版第一圖與上舉二圖似亦有多少關連之處。

第十一版第八圖亦有斜交線之花紋。

此外，尚有形式較小而已經磨光之碗狀陶器。例如第十一版第二圖至第五圖是也。其中三、四兩圖似係仿傚花狀圖形而成。第十三版四、六、八圖所示，與前舉各陶器之花紋有別。但所得標本頗不完美，故無從知其詳。

三、卷口之陶器。裝飾簡單，例如第十二版第三圖是也。時或花紋非常複雜，包括曲線帶、三角式、及圓點等（第九版第四圖與第十版第五圖）。卷

〔註2〕J. G. Anderssen,An Early Chinese Culture, Ministry of Agriculture and Commerce, the Geological Survey of China, 1923, p. 54~55.

口陶器中亦有橫線帶，為兩三行橫線之間夾有斜交線而成者。他處所產卷口陶器，如第十四板第一、第二又第五圖所示，亦有同樣之花紋。如第十一版第十四圖所示之半圓式碗狀陶器，亦有同樣之花紋。就大致而言，似乎某種器具應有某花紋，其實頗多不一（註2，第36頁～第38頁）。

2）安特生援施密特說補譯

（1）施密特「與出一時」識見之前提

Ich möchte nochmals betonen, dass es immer gefährlich ist, mit einzelnen Mustern der Ornamentik zu operieren; man muss die keramischen Gruppen im Ganzen als Ausdruck eines bestimmten Kunstgeistes nehmen. Beziehungen〔註3〕 kultureller und geschichtlicher Art sind erst dann erwiesen, wenn die Gleichzeitigkeit auseinander liegender Kulturgruppen sich aus allgemeinen oder besonderen Verhaeltnissen ergibt. Die Ornamentmuster reichen natürlich nicht aus, auf Gleichzeitigkeit zu schliessen, wenn nicht andere Umstände, besonders stratigraphischer Art order einwandfreie Importstücke vorliegen.

（2）施密特說今譯

「我願再番重音，以諸多孤飾模述見恒致危；述者須將瓦（器）組全取如某一既定藝能精神之表述。倘使散在諸樹藝組之與出一時（之認定）能自徧見或剔別比對給出，樹藝與史學孤種之拽牽堪得顯指（註2，第39頁～第40頁）」。

此截文獻背後信息不全。今補足。依安特生述，他曾投遞對照表（圖版十三），並書信一封給德國柏林眾族風物博物館（Meseum für Völkerkunde）教授 Hubert Schmidt。此人曾指導發掘土基思坦 Anau 等遺址。圖版十三俱對照瓦器畫或殘瓦畫 15 件：仰韶村八件，來自 Anau Culture I 者 6 件，來自 Tripolje Culture A 者 1 件。

依安特生述，此人回信以為，不可強「比附」Anau I 及 Tripolje 起出陶器畫作模樣、河南仰韶村陶器畫作模樣。安特生撮錄此人回覆。袁復禮未譯諸言（註2，第25頁～第26頁）。但諸言要義於中國考古界絕非未知，有人間知其義，晚近瓦器畫作檢討者頻用「藝術精神」四字即其證。譯文「重音」（betonen）是德國辯者格名，謂「高聲顯是」。凡論是非，高聲調即謂「顯判」，

〔註3〕原版字缺多指字綴-en，今依作者本欲補足。

使是非之決昭然也。

（3）施密特說譯釋

針對安特生猜測，施密特評價不高。施密特用藝術格若干格名。譬如：重音、孤飾模、述見、全取、既定藝能精神、與出一時之認定或識見，散在、孤種、拽率；其術語包含認知、檢辯、成是之途、心態。譬如，以「重音」二字表達不附議安特生識見。「重音」不得譯為「強調」。依《墨經》言語之道，「強」者不能悅服他人，是一種言語暴力行為〔註4〕。「調」謂音調，屬樂律類術語。言語者能重音，即以去聲顯其不快慰，或欲使聞者速得自己附議或敵解。又如「樹藝」（Kultur）。此名頻被譯為「文化」。此乃謬譯。樹藝五穀謂之樹藝，成風立俗謂之樹藝。「文化」狹義謂文教助化眾庶。化以溫熱，似去寒凝。眾喻以寒凝。教者喻以知天地之度而釋熱者。樹藝涉及物種，而「文化」不涉物種。樹藝係每族群與有作為。故晚近種素格（基因學）紛爭在西方必涉風教，但中國文化圈則不聯風教，學者欲益善種素而唯顧技術途徑。樹藝統於自然認知，文化歸諸權勢行使。

檢瓦器組者須盡察瓦器，識見某「精神」被彩繪表述，且此精神係樹藝精神（藝術精神）。欲識見異域或遠去諸所一時與存同樹藝精神，述者須先鑒識「樹藝組」。在一地發掘遺存，見其狀貌僅係孤種，欲傳告檢諸物而識見他人曾告異地某物狀貌，此謂見「與」，非見獨。如此，告者須拽率兩地或多地起出物狀貌細部狀似。此即比對。比者，密也。見細部謂之比。猶斷獄律之比附，或平面繪圖之比例。

域內有「藝術精神」說，王仁湘先生持之。不詳王先生使人譯此截文獻，抑或自揣摩而得此名。德文 Kunstgeist 塙被他人譯如「藝術精神」。施密特言「取」，同《墨子》辯決術六篇之《大取》、《小取》連言名之一。「取」謂識見並采而用之，承用、敵用以解其約束，皆恃檢討者思考之力。

（4）袁復禮譯評

顧安特生說施加於中國考古學人誘導甚廣遠，今須評議袁氏譯文，以為後檢奠基。安特生持「器飾」說。袁氏譯出無誤。安特生言「猜測」、「推測」，表達未敢亟定。但袁復禮俱未譯出此義。安特生言 patterns 謂「諸狀效」，curved

---

〔註4〕經文言「強」、「取」：「為其同也異：一日乃是而然，二日乃是而不然，三日遷，四日強」。「子深其深，淺其淺，益其益，尊其尊」。孫詒讓：《墨子閒詁》下冊，中華書局，2001年，第410頁。

bands 謂「諸曲帶」。袁氏未譯出。安特生未言「紋」，但袁氏譯文有此名，使讀者誤以為安特生曾用此名。

圖版九（PL. IX）英文：Painted pottery: Yang Shao Tsun. Half of natural size. 袁氏譯圖版九附原文曰（註 2，第 35 頁）：仰韶村所產之著色陶器（按原物縮小一半）。

我檢文內似此原文表述諸言遍布每圖版。原文僅講「既畫瓦」或「著畫瓦」。瓦為類名。畫謂曳膏汁之果，類似西方近世油畫。曳膏或曳色即英文 draw。「著畫」謂器表存某畫作，但袁氏譯「著色」，捨棄了安特生「畫」義。著色、著畫，乃兩物，「畫」被改成「著色」，顯袁氏貴「色中」或色敷，而不貴太初畫匠畫瓦地之義。倘縮略「著色陶器」，用「彩」替代「著色」，即得考古界「彩陶」（器）名。而今，彩陶名盛行，安特生本名淪喪，此係以故，或無故？我疑心矯飾曲本徒增勞累。

英文 group 堪譯：幫、組、伍，泛指而非堛數。pattern 謂狀效。孤狀非謂狀效。狀本於形而非形。形之果曰狀。效謂遵從線交、面交之度。成器以傚，太初之效為元效。凡掘理得器，俱本元效。以其初見於某遺存，此器樣俗名標本。依墨子名類，此等器樣於一地掘理者乃器效。唯中國大陸掘理者不曾知太初之效，也未嘗操心求算太初之效。太初之效乃本效或元效。於器源、工源檢討，制度二字不敷名類之需。效狀係後造者遵從前造者元效而成之器，或成器畫。

於成器，《小取》「中效」乃總名。先造之器含諸面、線、體。以線為棱邊，以面而聯，聯面貴交而體散料。太初元效被傳承，故能約束後世成器者。後世成器者，能以時需而為效。此蓋效革與效新之途。掘理者凡能考見狀效，此掘理者必意曾存效，而不以為某器狀，器面畫作為偶然之物。於譯者，擇字之力荼弱，必致讀者跬步迷途。

袁氏「斜交黑線帶」含中國考古界「黑帶」紋名源。又檢「黑線帶」能謂「黑線」、「黑帶」。「紋」以其器物款識之學進入發掘者語用，與「考古文化」並行，使中國文明源檢佩戴厚重鎧甲，學人無從心臨昔學。

在袁氏譯文流行期，阿爾納 1925 年發表了《河南石器時代之著色陶器》，將出自仰韶村等遺址諸紋飾命為「真螺旋紋」〔註 5〕。阿爾納在引入畫匠「著

〔註 5〕阿爾納：《河南石器時代之著色陶器》，《古生物志》丁種第一號第二冊，地質調查所，1925 年，第 11 頁。

色」名同時，傳播了「紋」名。此混雜給後來研究提供了溫床。

2. 李濟梁思永夏鼐等說

1）李濟掘理與識見

（1）李濟掘理與識見西陰村器殘紋

1926 年 3 月 24 日後，李濟、袁復禮等人在山西夏縣西陰村發現了此遺址。當年 10 月 15 日開挖，迄當年 12 月初。李濟述其識見云：帶彩的陶片分兩大類。一類先著色衣——紅、白，或兩種都有——然後後著彩。又一類將彩徑施於陶骨上。無論以骨為地，或以衣為地，地色非紅一類即白一類。加紅色衣陶片地色深紅髮光。不加色衣紅地色淺淡。有時近乎橙黃。部分著白色衣。無彩部分係本色。

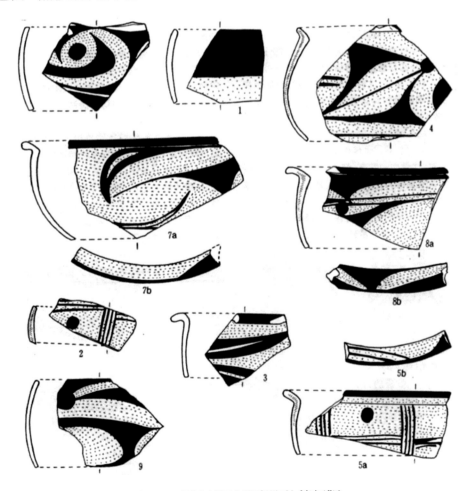

圖一　西陰村遺址帶彩陶片第伍版

　　李濟注：細點表明陶片的自然紅色。縱剖面影線表明未燒透之灰心。彩
徑加於陶骨，未用色衣。彩色黑；地色由淡紅至深紅。圖版之1. 沿口寬邊。
2. 橫直線及圓點。3. 雙曲線。4. 三角、直線、圓點。5. 彩紋如第2圖；有
一穿，唯一。6. 兩個曲鉤大概都是X形的雙角的延長，抱著一個圓點。7. 三
角形的延長，直線與雙曲線。8. 三角、直線與圓點。9. 三角的延長與圓點。

　　無色衣「白上黑」有兩種：一種係純蛋白色，裏外一樣，極薄極細，可謂
彼時最高出品。有一種是裏紅外白。前舉者大半係黑色。有時黑紅二色並用。
偶而又黃彩色。有一塊是黑地紅彩。又一塊是橙黃地紅彩。這兩件彩紋都是
緣邊一條直線。又有兩塊繩印的陶片帶彩（肆：14；陸：2）。它們或許係初作
帶彩陶器時被淘汰的試驗品。彩紋內最要緊「個形」是橫線、直線、圓點，各
樣的三角；寬條、削條、初月形、鏈子、格子，以及拱形。

圖二　西陰村遺址帶彩陶片第陸版

　　李濟注：4～7 圖陶骨是外白裏紅。1. 紅黑彩，白地。曲削條與圓點。1b 是 1a 的邊。2. 一部帶彩，一部繩紋。3. 黑上紅。4. 向邊漸薄。幾排三角，幾行格子。5. 向邊漸薄。一排辮，一排斜線。6. 寬條與曲線。7. 這種曲線圓點與削條的集合似乎是西陰的特出。有幾種略異形狀，試比柒：5；捌：1；玖：3、4，及捌：3。這種紋未見於仰韶。略似此種紋者未演化到如此鮮明，看《中華遠古之文化》：玖：2；拾壹：1；拾貳：1。故此我試名這個集合為西陰紋；用數目標明各種形狀，這圖中的集合，特名為「西陰紋第三種甲」。

　　不同花紋來自諸形集合。最簡單集合係直線、橫線與圓點（伍：2、5）。最有趣之集合係四個三角成的一個鐵十字（捌：4）。

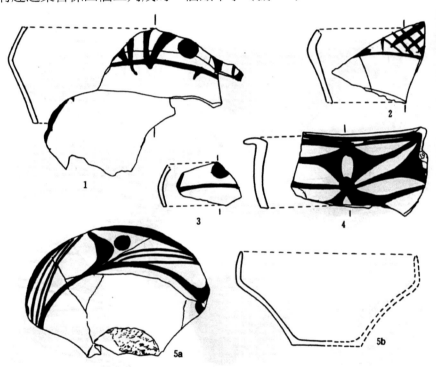

圖三　西陰村遺址帶彩陶片第柒版

　　李濟注：這一版所繪都是真正的白陶，蛋白色。比較別種陶片薄。土質純淨。1. 圓點上為初月形，初月形上似為一拱形，參看玖：5。2. 格子。3. 橫線、圓點。4. 凹邊三角集中於一圓點。5. 西陰紋第三種乙。圓點在三斜線外。5b 是 5a 的縱剖面。

　　它異於安諾及蘇薩所見。依此，命之為「西陰紋」（陸：7；柒：5；玖：3；玖：4）。彩來自筆劃無疑。色的濃淡與筆枝叉丫都極清楚。

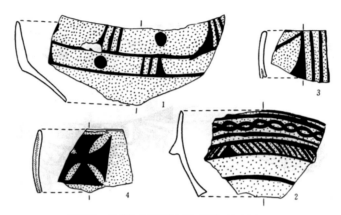

圖四　西陰村遺址帶彩陶片第捌版

　　李濟注：陶骨先著紅色衣，後著彩。地色均油紅髮亮似釉。1. 此集合很像西陰紋，但上邊無削條，中間無斜線。旁邊多兩條直線。這也許是西陰紋原形。2. 一排鏈子，一排斜線帶三角。上部著色衣，下部不著色衣。3. 直線、斜線、三角。4. 鐵十字。

　　依李濟述，不著色衣的「紅上黑」起自第五層，片數甚夥。自此層向上，愈上愈少。著色衣之「紅上黑」起自第五層、第四層者甚少。但多起自第二層。初見白色衣地層起出白色衣貼骨鬆，易剝落。在其上層起出者貼骨緊。紅裏白外帶彩陶片初見於起點下第四公尺，愈上愈多。蛋白色帶彩者唯見於第四層及第三層。

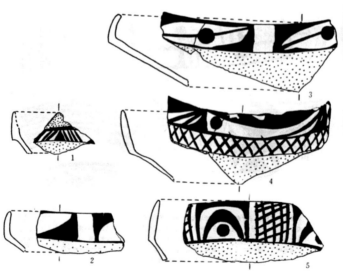

圖五　西陰村遺址帶彩陶片第玖版

　　李濟注：先著白色衣後加彩。無彩部也無色衣。1. 具紅白兩種色衣。一排斜線帶三角。2. 凹弦三角成對。3. 西陰紋第一種。4. 一排格子，一排西陰紋第二種。5.兩種方紋互相間隔成排；拱下點上的初月在別處很少見。

　　李濟名「西陰紋」諸瓦片地層如後：第陸版之 7 地層 C4b，即在第 4 方自起點向下第三層、第二層覓得。第柒版之 5 地層 C4b，覓得自地層同前。第玖版之第 3 片地層 B7j，即覓得自第 7 方第二層、第十層。其第 4 片得自地層 B7l，即第 7 方第十二層。換言之，第玖版之第 3、4 片來自深層〔註6〕。

　　（2）李濟器殘紋說

　　李濟檢討彩繪用名：「帶彩的陶片」。有「彩色陶器」名痕跡。李濟於考古學貢獻在於定名「西陰紋」，並以此為孤種。此下，他又識見「個形」，譬如「橫線、直線、圓點，各樣的三角」；「寬條、削條、初月形、鏈子、格子，以及拱形」。「四個三角成的一個鐵十字」。

　　2）梁思永夏鼐裴文中器紋識見

　　（1）梁思永檢見「西陰紋」「流動」曲線帶

　　梁思永曾研究李濟識見之「西陰紋」，於 1930 年稱呼此類紋飾「流動的曲線帶」，「形狀最近似螺旋紋」。「西陰陶器上沒有發現真正的螺旋紋」〔註7〕。

　　此間又有郭沫若識見螺旋紋，郭氏於 1934 年以殷周銅器螺旋紋為「雷紋」，又以為，此狀係陶工手指壓坯留下指印之模仿，螺旋紋脫胎於指紋〔註8〕。

　　（2）夏鼐寺窪山遺存掘理與器紋識見

　　1945 年 4 月迄 5 月，完成臨洮縣寺窪山遺址發掘。發掘採集瓦片 764 片。其三分之二系彩陶片與細紅陶片。器形屬馬家窯文化，彩繪紋飾也屬於馬家窯文化。彩繪底子係原陶色，或橙黃或紅色，不加白或紅色衣。繪線條幾盡係黑色。僅數片間雜一條紫紅色條紋。大口器入缽、盆，多在裏外兩面繪彩，卷唇盆唇上也繪花紋。至於「花紋的圖案」，也可看出馬家窯彩陶的特徵。可注意的是彩紋和器形常有一定連繫的關係，某幾種彩紋常限於某一種器形上面，罕見或絕不見於他類器形上。花紋可歸類下列十種：

〔註6〕李濟：《西陰村史前的遺存》，《三晉考古》第 2 輯，山西人民出版社，1996 年，第 265 頁～第 282 頁。

〔註7〕梁思永：《山西西陰村史前遺址的新石器時代的陶器》，《梁思永考古論文集》，科學出版社，1959 年，第 1 頁～第 49 頁。

〔註8〕郭沫若：《彝器形象學試探》，《青銅時代》，科學出版社，1957 年，第 320 頁。

第一，垂帳紋（Garlands or hanging drapery）係普通一種，繪在缽類外表面，偶見繪於內表面者。一道粗橫線，繞口緣一周；此橫線下面，畫一列粗弧線，似垂帳，由口緣處下垂。橫線與粗弧線之間，又畫數道細弧線。相鄰粗弧線間，插置一道垂直線或卷鉤。有時，口緣上橫線改用粗弧線，在此線與口緣間空隙處，加一排樹葉狀花紋。或在口緣橫線下，加一列卷鉤。

第二，四條以上橫列並行線。各線粗細及相間距離近同，各繞器身一周。此花紋常位於罐或瓶類器頸部，或在盆類底部、近底部。瓶類器腹部，也見橫列並行線裝飾，但頻見之垂直粗線將並行線截分。第三，鋸齒紋。此花紋位於粗線條一邊，伸出一排鋸齒。此即安特生為「喪紋」（death pattern）之重要組成份子。也見鋸齒紋數條重迭組成花紋。半山式隨葬罐也見此種重迭鋸齒紋。

第四，葫蘆形中填方格。隨葬罐也見此花紋，巴爾姆格倫所謂半山花紋第十六式（Decor Family 16P）。第五，方格紋另種，填在兩道並行線之間，或弧線間。第六，螺旋紋。第七，弧線三角紋。三邊用弧線組成，中間頻見一圓點。第八，平行直線或弧線數群。各群間隔以其他幾何形入弧線三角形、或螺旋紋。此種花紋多在卷唇盆寬唇上。

第九，倒立三角形一排，多在缽類或盆類等大口器內表面近口緣處，或由兩個三角形成一單位，各單位互相遠隔，或各三角形相連成一列。相鄰兩三角形間空隙處或加入圓點。第十，圓點或橢圓點除了在第七、第八及第九式花紋中構成份子，也有自成一群，或三個圓點作一單位，位於器外表面，或參差排列於兩並行線間。

夏鼐又講，如果將這十種花紋折散成橫線、垂直線、曲線、寬條、圓點或三角，即能在河南仰韶彩陶中找出類似例子。但這些簡單個形太普通，採用幾何圖案，恐能在世界任何地方都能見此等簡單個形代表。第五、第六、第十種見於河南仰韶彩陶〔註9〕。

同年早些時候，即 1945 年 3 月中旬，夏鼐於曹家嘴遺址第二層梯田農耕土表面拾得瓦片若干，含彩陶片最多。數片無彩細泥紅陶，大概屬於彩陶器無彩部分。灰細泥陶、夾砂繩紋粗陶總計 8 片，都繫馬家窯文化中常見陶片。彩陶偏外表磨光，最普通者係卷唇盆、大口缽、瓶罐類，器底平坦。瓶罐腹部頻見垂直耳，耳上附波狀凸飾一道。花紋都以單彩畫就。大口缽外表面常是垂帳

〔註9〕夏鼐：《臨洮寺窪山發掘記》，《中國考古學報》（第四冊），1949 年，第 75 頁～第 83 頁。

紋，內表面或見粗弧線。卷唇盆唇上常為三角形、弧線及圓點，盆外表面多為粗弧線。其餘花紋有方格紋、螺旋紋、以弧線為邊的三角形、兩排黑彩鋸齒紋中間露出原色的曲折波紋、圓圈中央填以粗圓點、波浪紋空隙處填以圓點、并立的小三角形排成鋸齒紋、並行線。大多是馬家窯時期彩陶常見花紋〔註10〕。

（3）裴文中調查天水遺存

1947 年 7 月，裴文中在天水南籍河到馬跑泉一帶調查古遺存，在七里墩附近發現史前遺物。彩陶色紅有光，磨製甚精，屬碗一類。口緣繪簡單黑色條紋。

在天水東羅家灣出土石器、瓦器與骨器。彩陶別二類：色如紅磚者表面磨光，黑彩，網格紋。橙紅色瓦，局部磨光或不磨光，口緣頻見「輪紋」，花紋為淺黑色，花紋為淺黑色，多見螺旋紋，中有一圓點，器形多長頸，翻口下為球形物。另在甘谷渭河南岸梁家溝發現很多彩陶，並發現「尖底器」。在五甲莊也發現彩陶。隴西三坪石所見彩陶製作精美，紋飾繁複。在武山縣西石嶺下發現異於五甲莊彩陶。此地彩陶先加色衣（coating），後繪簡單花紋。裴氏以為，此種彩陶為退步者。裴氏又將有輪製痕跡、花飾簡單之彩陶視為彩陶衰落期出產。其圖樣如後〔註11〕。

圖六　裴文中命渭河上游彩陶文化中期紋

（二）五十年代掘理者器殘紋識見

1. 半坡與廟底溝遺址調查掘理者識見

1）半坡遺址等調查與發掘

（1）半坡遺址 1954 年調查與發掘

1954 年，中國科學院考古研究所調查發掘半坡遺址時，起出細紅陶、紅黑陶、夾砂粗紅陶、夾砂粗灰陶、細灰陶，並起出白色陶片，似以高嶺土製造。此番發現彩陶為數不多，但紋飾複雜。在盆形器、缽形器、大口圓底器上

〔註10〕夏鼐、吳良才：《蘭州附近的史前遺存》，《中國考古學報》，1951 年，第 86 頁～第 87 頁。

〔註11〕裴文中：《甘肅史前考古報告》，《裴文中史前考古論文集》，文物出版社，1987年，第 211 頁～第 219 頁。

紋飾最多。以「谷葉紋和幾何形花紋最普遍。有這些紋飾的器物在晚期文化層中發現的較多。紋飾最多的是幾何形花紋，最特殊的是象形的花紋。著彩的作風有『原底露形』的方式，多在器物的口唇部分。在器物內著彩的情形，是相當普遍的，這種器物，多為大口圓底淺腹器，花紋有籬笆紋、同心圓紋、人面紋、魚形和植物花紋。人面形花紋很逼真，眼、口、鼻皆全，頭上有交叉的尖狀紋飾，可能它就代表當時人頭上的一種裝飾」。

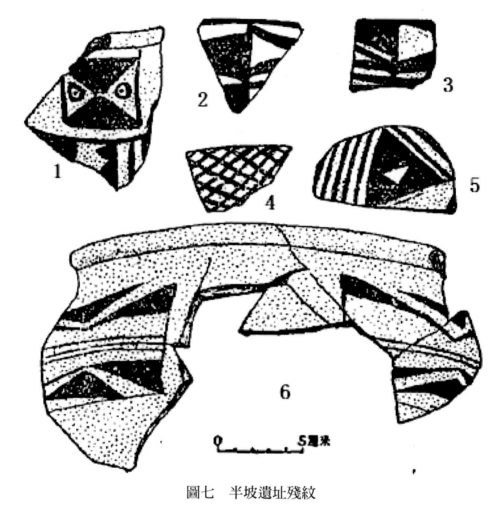

圖七　半坡遺址殘紋

　　「白衣彩陶，只發現了幾塊平底缽形器的碎片，有一塊上面還有紅色的條紋。為數雖少，但對研究陝西和河南仰韶文化的關係上，是重要的線索〔註12〕」。

〔註12〕石興邦：《新石器時代村落遺址的發現——西安半坡》，《考古通訊》1955 年
　　　　　第 3 期。

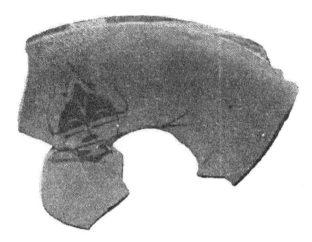

圖八　半坡遺址殘器人面形紋

（2）半坡遺址調查發掘者紋飾識見

紋飾複雜，多在盆形器、缽形器、大口圜底器上。谷葉紋和幾何形花紋最普遍。紋飾最多者係幾何形花紋，象形花紋最特殊。彩繪多在器物的口唇部分。在器物內著彩的情形相當普遍。這種器物多為大口圜底淺腹器。

花紋有籬笆紋、同心圓紋、人面紋、魚形和植物花紋。人面形花紋很逼真，眼、口、鼻皆全，頭上有交叉的尖狀紋飾，可能它就代表當時人頭上的一種裝飾。

（3）山西祁縣梁村器殘紋識見

1955年8月，發掘者在梁村西臺地挖掘了兩條探溝，起出彩陶片若干。瓦片質細，無羼和料。色別紅、橙黃、白衣加紫彩。白衣加紫彩者僅1片。花紋以原底加黑線者居多。有器口畫寬黑邊，有橙黃色上加寬紅邊。也見在口沿上畫斜橫紅黑條紋與小方格紋。殘片似出自罐、缽等〔註13〕。器口有黑邊，口沿有斜橫紅黑條紋與小方格紋。

2）廟底溝與三里橋遺址掘理與器紋識見

（1）廟底溝與三里橋遺址掘理與瓦器紋識見

黃河水庫考古隊於1956年迄1957年發掘了河南陝縣廟底溝與三里橋兩遺址。發掘者述廟底溝屬仰韶文化圖案云：彩繪圖案的組織比較複雜而多變，多用條紋、渦紋、三角渦紋、圓點紋、方格紋組成。其結構別兩組：其一，用

〔註13〕楊富斗、趙岐：《山西祁縣梁村仰韶文化遺址調查簡報》，《考古通訊》1956年第2期。

數個對稱單元構成整體圖案，間或用不同或不對稱單元插在裏面。此情況往往是開始繪畫以前沒有很好的計劃，以致畫到最後還缺一小段，不得不插入其他的單元填補。當然也有故意插入其他單元以增變化。其二，用流麗連續的花紋構成整體圖案，每單元是形態變化互相交叉，常無從斷開。前組頻見於碗，罕見於盆、罐，後者頻見於盆，但罕見於罐。照顧圖案無器不便檢討，今擇圖如後。

器樣 A3H15：49，淺腹碗，大口、淺腹、腹壁弧形向下往裏收縮成平底，圖九，1。器樣 A6aH387：44，曲腹碗，大口、腹壁曲向裏收縮成平底，圖九，2。器樣 A4bH308：03，深腹碗，大口、深腹、平底。在口沿上繪簡單花紋，或在腹部繪彩紋。腹壁成反弧形向下往裏收縮，圖九，3。

器樣 A9aT325：05，斂口盆，腹壁向下往裏收縮成平底。在近口部、腹部有彩繪，圖九，4。器樣 A9dT328：06，斂口盆，腹壁向下往裏收縮成平底。口沿斂甚。腹部兩旁各飾一附加堆紋，圖九，5。

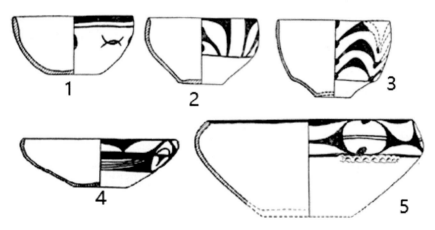

圖九　廟底溝遺址器紋之一

器樣 A9hT68：02，斂口盆，腹壁向下往裏收縮成平底。口沿斂甚，圖一〇，1。器樣 A9jH203：47，斂口盆，鼓腹，向下往裏收縮成小平底。口沿斂甚，圖一〇，2。

器樣 A10eH47：41，深腹盆，折沿、深腹、腹壁向下往裏收縮成平底。別素面、彩繪兩種。也見近口部或腹部加飾數道劃紋，或在腹部兩側各飾一附加堆紋，或腹部下折處能見整齊壓印紋。腹壁下折處棱角不顯著，圖一〇，3。器樣 A10dH379：86，深腹盆，折沿、腹壁向下往裏收縮成平底。腹壁成弧形收縮，圖一〇，4。

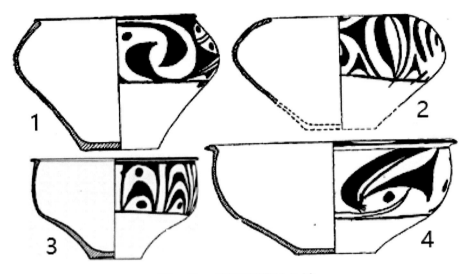

圖一〇　廟底溝遺址盆紋

　　器樣 A10fH59：29，狀似前器，腹部唯向外鼓，圖一一，1。器樣 A10gH11：75，狀似前器，腹部顯鼓，圖一一，2。器樣 A10hH32：30，狀似前器，腹部顯鼓，圖一一，3。器樣 A16bH338：36，斂口罐，鼓腹、向下往裏收縮成平底。除素面、彩繪兩種外，見器腹飾有劃紋及附加堆紋。唇為外侈，圖一一，4。器樣 A17bH203：07，長頸罐，凸腹，向下往裏收縮成平底。別素面、彩繪兩種，也見彩繪與劃紋並用。頸部較他器更長，圖一一，5。

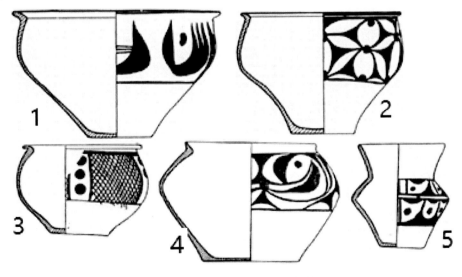

圖一一　廟底溝遺址器紋之二

　　三里橋遺址起出瓦器屬仰韶文化者如圖一二，器樣 A3bH211：56，細泥紅陶淺腹盆。大口折沿、平底。腹壁弧形向下往裏收，盆沿繪黑彩，圖一二，1。器樣 A4bT240：05，細泥紅陶斂口盆，腹壁弧形內收成平底，與腹部界線明晰，圖一二，2。

圖一二　三里橋遺址盆紋

　　發掘者總述廟底溝彩繪：彩繪僅限於細泥紅陶（含細泥白陶），表面磨光，一些器表施深紅及白色陶衣。深紅色陶衣多於白色陶衣，又富有光澤。也見僅有陶衣無彩繪者。白衣陶更少，多在口腹塗一段白衣。彩繪顏料首以黑色，少用紅色。兼用黑、紅色料者更少，僅白衣彩陶有兼用之例。彩繪施於器腹，或口緣上。器內面無彩繪。紋飾圖案複雜多變……，結構上缺固定規律。雖可將花紋分成不同單元，但諸單元很少固定不變，互有增減。此地未見豫西遺址頻見之窄條帶狀方格紋。此地有三塊殘片上繪蛙形紋，同樣蛙爪見於澠池縣仰韶村。陝西華陰西關堡也發現類似蛙形紋。這與三片壁虎塑像、鳥頭塑像俱係當時傑出的藝術作品。

　　發掘者總述三里橋遺址彩繪云：彩陶數量很少，占陶片總數 2.47%。花紋簡單。彩繪多見於口緣上，腹部彩繪罕見〔註14〕。

　　（2）掘理者器殘紋識評

　　彩繪圖案的組織比較複雜而多變，多用條紋、渦紋、三角渦紋、圓點紋、方格紋發掘者見不對稱畫（單元）插在裏面。

　　掘理者云：彼時畫匠開始繪畫前未曾「很好」「計劃」。以致畫到最後缺一小段，不得不插入其他的單元填補。又言，畫者用流麗連續的花紋構成整體圖案，每單元是形態變化互相交叉，常無從斷開；紋飾圖案複雜多變……，結構上缺固定規律。由此言察知，掘理者認為，施彩為畫者構圖無定律遵從。

〔註14〕中國科學院考古研究所：《廟底溝與三里橋》，科學出版社，1959 年，第 24 頁～第 114 頁。

2. 華縣元君廟芮城東莊村西王村器殘紋識見

1）元君廟墓地掘理與器殘紋識見

（1）元君廟墓地掘理

北京大學歷史系考古學專業為配合黃河水庫工程，組建黃河水庫考古隊陝西分隊華縣隊，於 1958 年冬迄 1959 年夏，發掘了元君廟墓地。此墓地遺址起出彩繪器甚寡。僅見黑彩一種。紋飾簡單，或為寬帶，或為幾何形圖案。

鉢，細泥紅色，器表已打磨。器樣 M413：5，斂口、曲鼓腹、平底、繞器壁飾錐刺的三角形紋帶。三角形上下交錯配置，三角形高度是帶紋寬度。從口沿留存一陰線刻痕窺知，錐刺三角形先，先繞器壁畫出上下平行的兩條規線，以定三角形之高亦即帶紋寬度。在此半球形面上劃出平行兩個圓周非易事。在裝飾三角形紋帶前，曾計算了三角形大小與間距在器面展開長度。現存三角形紋帶局部殘損，剩十個三角形。按自左至右順序，一、二、四迄十，計九個三角形面積等大，寬端 5cm，配置等距離錐刺點十個。由寬短往上逐層減少錐刺點一個，十層至尖端僅存一個錐刺點。這九個三角形及第三、第四兩個三角形之間距相等，俱是 1.5cm。第三個三角形正置，底邊寬 3.8cm，配 9 個錐刺點。此三角形僅有九層，由底部如積木向上逐層減少一錐刺點，頂端僅一個錐刺點。二、三兩個三角形間距。二、三、兩個三角形間距上為 1.8、下為 1.2cm。可以看出，第三個三角紋與其他三角紋不同，另見二、三兩個三角紋間距較其他間距小，當時設計上出現一個誤差。發掘者言，從 M413：5 錐刺三角形紋能看出，陶工有「十」數概念，又運用熟練，圖一三，1。碗，器樣 M447：2，斂口、深腹微鼓、平底、底心上凸。口沿飾黑彩色帶，圖一三，2。盆，器樣 M420：5，大口、折沿、沿面弧曲、平底、底面微向上凸。口沿面上繪黑彩，圖一三，4。

罐，器樣 M420：13，圓肩曲腹，細泥紅色。折沿、方唇、圓肩、小平底。口沿下飾九個錐刺點組成的倒置三角紋。又在錐刺三角紋間，塗畫正置三角形黑彩。兩者色彩鮮明，交錯構成圖案式彩帶，為上幅紋飾。其下是相互聯接的黑色菱形方塊，呈帶形彩飾以環繞器身，為下幅紋飾。在下幅圖案之下，在曲腹上繪黑色帶。這既使圖案與素面分開，又給予上下兩幅圖案某種聯繫，形成一幅完整的畫面，圖一三，3〔註15〕。

〔註15〕北京大學歷史系考古教研室：《元君廟仰韶墓地》，文物出版社，1983 年，第 32 頁～第 37 頁。

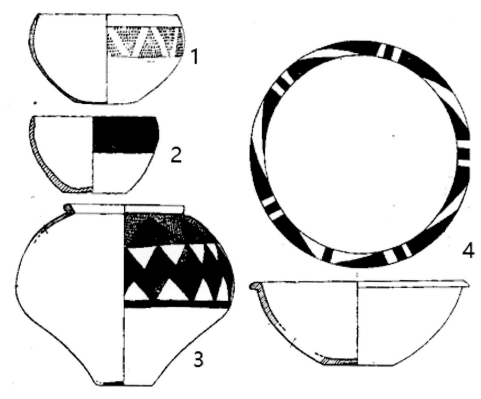

圖一三　元君廟墓地遺址器紋

（2）發掘者識見

發掘者言，此墓地遺址起出彩繪器甚寡。僅見黑彩一種。紋飾簡單，或為寬帶，或為幾何形圖案。後者謂三角圖。發掘者檢得此地古人知曉術算「十」數。發掘者未曾檢討器狀與圖有何關係，如既往發掘者。

2）芮城東莊村西王村遺存掘理與器殘紋識見

（1）芮城東莊村遺存掘理

自 1958 年始，中國科學院考古研究所山西工作隊在山西省芮城縣東莊村發掘古遺址。後並發掘西王村遺址。東莊村遺址起出瓦片或瓦器屬細泥紅陶、普通泥質紅陶、泥質灰陶、夾砂紅陶與夾砂灰陶。細泥紅陶胎色赤，棕黃色罕見。某種上段紅（或棕黃）下段灰（紅頂）碗也被發現。有陶衣者約達 3%。陶衣加於器外表。（殘）瓦器有彩繪。彩繪皆用黑色，見於碗、缽、盆及少數帶耳罐。施彩之部位多在器腹外表上半部與口緣上。花紋係由窄條、寬帶、弧線、圓點等組成的直角三角形等圖案與魚形紋。各種直角三角形紋頻見，魚紋最突出。今撮錄其要如後。

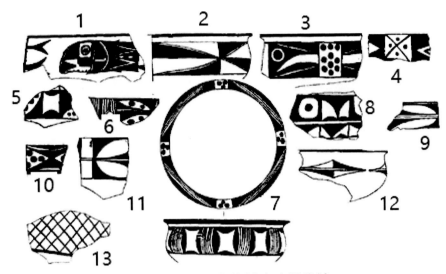

圖一四　芮城東莊村遺址器殘紋

彩繪殘片次第：圖一四，1. 器樣 H115：2：51。圖一四，2. 器樣 H109：4：13。圖一四，3. 器樣 H128：1：015。圖一四，4. 器樣 H115：1：06。圖一四，5. 器樣 H115：4：08。圖一四，6. 器樣 H106：1：021。圖一四，7. 器樣 H104：4：18。圖一四，8. 器樣 H104：4：04。圖一四，9. 器樣 H109：2：012。圖一四，10. 器樣 H115：4：022。圖一四，11. 器樣 T125：4：07。圖一四，12. 器樣 H124：1：013。圖一四，13. 器樣 Y202：1：09。發掘者言「魚紋」存於盆、缽器表。

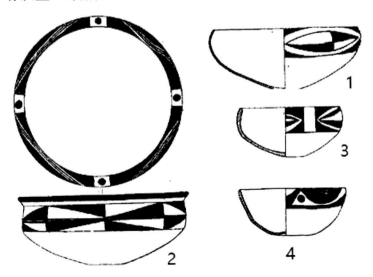

圖一五　芮城東莊村遺址器紋

圖一五，1. 缽，器樣 H104：2：16。2. 淺腹盆，器樣 H104：4：11。3. 缽，器樣 H129：3：8。4. 碗，器樣 T209：5：1。

（2）西王村遺存掘理

1960 年 5 月初迄 7 月中旬，發掘者在西王村遺址發掘。在第五堆積層，起出有彩繪瓦片若干，屬仰韶早期遺物。彩繪施於器外表腹上部與唇沿上。彩繪用色有黑、紅、白。黑彩最多。罕見黑、紅相配或黑、白配合者罕見。黑、紅、白三彩配合施彩瓦片僅有三件。彩繪施於盆、碗、罐等。

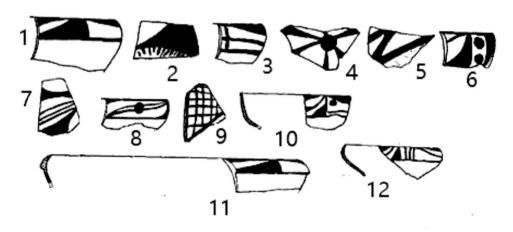

圖一六　芮城西王村遺址殘紋

圖一六，彩繪殘片次第：1. 器樣 H9：2：1。2. 器樣 T6：4：1。3. 器樣 H31：2：3。4. 器樣 T3：5：1。5. 器樣 T3：5：4。6. 器樣 H13：1：4。7. 器樣 T3：5：3。8. 器樣 H34：2：4。9. 器樣 T5：5：8。10. 碗，器樣 H31：3：7；敞口碗、曲腹、腹上段至口絕大部分施黑彩。11. 盆口沿殘片，器樣 T8：5：7，沿內折、腹斜收。12. 碗，器樣 T3：5：10，斂口、曲腹、平底〔註16〕。

（3）器殘紋識見

芮城東莊村與西王村遺址發掘者識見，器彩繪皆用黑色，見於碗、缽、盆及少數帶耳罐。施彩之部位多在器腹外表上半部與口緣上。花紋係由窄條、寬帶、弧線、圓點等組成的直角三角形等圖案與魚形紋。各種直角三角形紋頻見，魚紋最突出。發掘者已知此地彩繪頗涉半坡遺址彩繪。

〔註16〕中國科學院考古研究所山西工作隊：《山西芮城東莊村和西王村遺址的發掘》，《考古學報》1973 年第 1 期。

3. 華陰橫陣磁縣下潘汪長安五樓及曲陽釣魚臺與清水河棋子峁遺存 器殘紋識見

1）橫陣與下潘汪遺存掘理與器殘紋識見

（1）橫陣遺存掘理與器殘紋識見

1959 年，發掘者在此遺址第 5 土層起出缽、罐、碗等「仰韶」時期遺物。彩繪少，花紋較簡單。器彩繪皆用黑色，見於缽、盆、碗類。施彩多在器口沿上，或腹壁外表的上半部。彩繪的花紋由窄條、寬帶、弧線、圓點等組成之三角形、波折紋等圖案和魚紋〔註17〕，原圖如後。

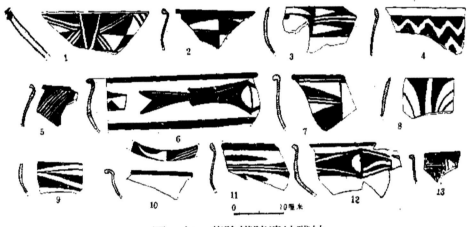

圖一七　華陰橫陣遺址殘紋

（2）下潘汪遺存掘理與器殘紋識見

河北省文化局文物工作隊於 1959 年冬依調查擇磁縣下潘汪遺址發掘。在仰韶文化地層，發掘者起出瓦器與瓦片。此遺址起出紅泥陶與橙紅泥陶。橙紅色泥陶器表多見彩繪。彩繪多用紅或紫紅，罕見黑彩，也未見黑、紅彩並用例。彩施於盆、缽、罐、碗等器腹上半或近口沿處。器耳或口沿內壁寡見繪彩。紋樣有弧形三角、渦紋、圓環文（圓形、半圓形、同心圓）、雁紋、睫毛紋、S 紋、蝶須紋、連鉤紋、曲線紋、山字紋等十多種。但圖案結構比較單純，形式固定，變化不大。它們往往是弧形三角兩兩相向或斜角相錯，中間形成半圓形或豆莢形的空間；空間內或不加繪其他紋飾，或加繪圓環、渦紋、S 紋、雁紋、睫毛紋等。一組花紋空間處一般僅繪一種紋樣。寡見繪兩種紋樣，此狀況限於曲線與圓環、雁紋與睫毛紋同繪。組與組間頻以並排曲線紋相交，

〔註17〕中國社會科學院考古所陝西工作隊：《陝西華陰橫陣遺址發掘報告》，《考古學集刊》第 4 集，中國社會科學出版社，1984 年，第 13 頁。

上下界以寬恒直線或窄橫直線，也見加繪曲線例。蝶須紋、﹏形紋單為一組合。罕見以幾何紋形橫直斜線構造花紋。

發掘者命 I 式盆，敞口、翟燕、腹上部內弧形、下部斜收、中部交接處形成外折棱、平底。腹上部以紅色或紫紅色繪花紋。紋樣俱為在上下二平行橫線內繪出相向的弧形三角紋與並排曲線紋各若干組，弧形三角的空白處點綴半圓紋或同心圓紋等。圖一八，上行，1.器樣 T50④a：14；2.器樣 T42③a：70；3.器樣 T39③：12；4.器樣 H99：3；5.器樣 T44④：201；6.器樣 H20：3；7.器樣 T50④a：42。

發掘者命 II 式盆，敞口、窄外折沿、腹較深、平底。下別 IIa 式：腹上部外弧，中部外折棱較圓緩。彩繪花紋的弧形三角變為斜角相錯，並排曲線紋也變為斜行。圖一八，次行，1.器樣 H99：2；2.器樣 T33④a：69；IIb 式盆：腹中部折棱基本消失，為圓鼓腹。花紋與前者同，但多樣。3.器樣 H74：102；4.器樣 T4④：11；III 式盆。直口、微外侈。花紋近似 I 式盆花紋，畫面直至口沿，無上橫線。5.器樣 H99：5；6.器樣 H141：5；

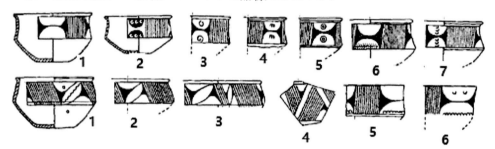

圖一八　磁縣下潘汪遺址器殘紋之一

缽：紅泥陶甚夥，灰泥陶寡見。斂口、圓肩、腹斜收、平底，最大徑程在腹上部。紅陶表磨光、彩繪，以紅色或紫紅色為主，也見用黑彩。紋樣多同 II 式盆紋樣。圖一九，上行，1.器樣 T50④a：5；2.器樣 T50④a：262；3.器樣 H20：2；4.器樣 H183：194；5.器樣 T33④a：17。

碗，紅泥陶，多斂口、圓肩、狀同小缽。彩繪蝶須紋與 S 紋等。「紅頂式」碗較特殊。圖一九，次行，1.器樣 H99：1；2.器樣 H74：102；3.器樣 T45④a：229；4.器樣 T22④a：4；5.器樣 H99：6〔註18〕。

〔註18〕河北省文物管理處：《磁縣下潘汪遺址發掘報告》，《考古學報》1975 年第 1期。

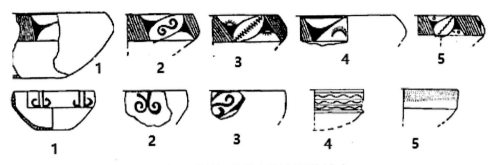

圖一九　磁縣下潘汪遺址器殘紋之二

2）長安五樓及曲陽釣魚臺與清水河棋子峁遺址調查與彩繪識見

（1）五樓遺存器殘紋識見

1955 年，在近灃河源之地，即長安五樓遺址，調查者在村北蠍子嶺曝露的斷崖灰土層採集了瓦皿及殘片。掘得一個能復原的彩陶大口盆。此期刊末圖版拾之 1 係其圖片。發掘者未述其狀。此外，此圖版之 2 係蠍子嶺出土的刻有「符記」的彩陶片。如何刻，刻於何處，發掘者俱未陳述〔註19〕。

（2）曲陽釣魚臺與清水棋子峁遺存器殘紋識見

調查發掘者趙印堂等在河北省曲陽縣釣魚臺採集陶片，陶片繪有黑色或紫紅色花紋。調查者講，「從採集的遺物」看，「這裡可能是一處仰韶文化的遺址〔註20〕」。

李逸友等在清水河縣西北棋子峁發現細泥彩陶片。此等陶片呈深紅色或橙紅色，多在口沿上塗單調的黑線條。有大口平底缽或碗，僅在口沿外面塗很寬黑邊。某種直頸卷唇罐口沿有一圈黑邊。陶罐腹部有紋飾，有菱形紋，也有紋飾呈並行線中加點者。

他們在田家石畔遺址採集有彩色紋飾陶片。器物口沿塗黑邊，又見加點或波紋狀。此文圖三之 5 係罐片，彩繪並行線加以波紋。他們在常家河遺址採集陶片不異於棋子峁遺址已見彩陶片〔註21〕。

〔註19〕考古研究所陝西調查發掘隊：《豐鎬一帶考古調查簡報》，《考古通訊》1955 年第 1 期。

〔註20〕趙印堂、楊劍豪：《曲陽縣附近新發現的古文化遺址》，《考古通訊》1955 年第 1 期。

〔註21〕李逸友：《清水河縣和郡王旗等地發現的新石器時代文化遺址》，《文物》1957 年第 4 期。

4. 華縣白廟村與滻灞沿岸及華陰西關堡遺存掘理與器殘紋識見

1）白廟村與滻灞沿岸遺存調查與殘紋識見

（1）白廟村遺存殘紋識見

1958 年，北京大學考古專業組成黃河水庫考古隊陝西分隊華縣隊，發掘了泉護村、元君廟遺址。當年 12 月，在華縣、渭南第二番調查，並試掘蟲陳村、南沙村、郭老村、漲村、白廟村遺址。1959 年 4 月，試掘了老官臺等遺址。1961 年梳理了調查、發掘資料，編寫報告。

發掘者 1958 年 12 月在白廟村遺址曆闕內起出殘瓦盆數件。發掘者述：卷沿、圓唇、深腹、平底、厚壁，外壁被精細打磨，彩繪施於肩部。發掘者未言紋樣細節。器殘者二件，器樣 H901：1，圖二〇，1、器樣 H901：21，圖二〇，2〔註22〕。

圖二〇　華縣白廟村遺址殘器紋

張忠培等云：此番發掘重大收穫乃發現老官臺文化。元君廟、白廟村、白劉莊、橫陣、半坡、絳帳西村、鬥雞臺溝東區、北首嶺、下孟村及李家村、何家灣諸遺址，俱含老官臺文化遺存。元君廟半坡類型墓葬填土存留老官臺文化陶片，係老官臺文化年代早於半坡類型地層之證。由此可見，老官臺文化分布地區略同半坡類型分布地區，而老官臺文化早於半坡類型。兩者夾砂罐、圜底缽及缽碗又大致雷同。它們還具有極似繩紋、指印紋、錐刺紋及在器口沿施彩之俗。老官臺文化很可能是半坡類型前身。但目前尚未發現前者轉變為後者之間環，其繼承關係待今後探索。

（2）滻灞沿岸遺存殘紋識見

1957 年 4 月迄當年 7 月，中國科學院考古研究所為輔助半坡遺址發掘等，在滻灞兩河沿岸調查古遺址。張彥煌、馮孝唐等人發現仰韶文化、龍山文化遺址等 30 餘處。仰韶文化下遺址有：李家堡、高樓村、田家灣、馬騰空、

〔註22〕北京大學考古教研室華縣報告編寫組：《華縣、渭南古代遺址調查與試掘》，《考古學報》1980 年第 3 期。

神樓坊、許沙河、南殿村等，仰韶、西周與東周文化遺存有王家溝、鄒家圪墶、泄湖鎮等。調查者述其識見云：彩繪紋飾同關中及鄰近晉南、豫西一帶（仰韶瓦器）紋飾。以黑色寬帶紋、圓點紋、網紋、弧線紋為主。先塗白衣次施黑彩，再施紅彩的瓦片，僅見一片。彩繪紋飾詳後圖。

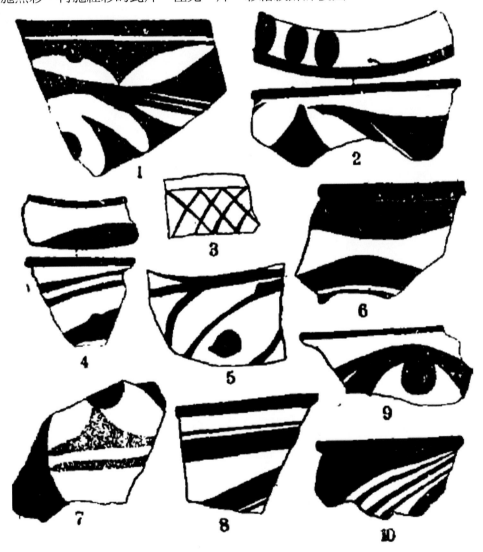

圖二一　滻灞遺址查見殘紋

　　圖二一，第 1 片出自卞家堡遺址，第 2、4、5、6、9、10 片出自南殿遺址，第 3、8 片出自藍田泄湖鎮遺址，第 7 片出自長安嘴頭遺址〔註23〕。

〔註23〕張彥煌：《滻灞兩河沿岸的古文化遺址》，《考古》1961 年第 11 期。

2）華陰西關堡遺存掘理與器殘紋識見

（1）西關堡遺存掘理

1958 年，發掘者繼前段發掘，在陝西華陰西關堡遺址起出若干瓦器彩繪。發掘者歸諸器於仰韶瓦器。彩繪用黑彩居多，紅色甚少。紅、黑兩色兼用者更少。施加白衣者不多。彩紋多施於腹外壁。彩紋圖案有兩等：一等係幾何紋，另等係動物形圖案。

幾何紋由圓點、鉤葉、弧線三角、曲線線條與方格紋等組成。彩紋見於盆腹壁或罐腹壁。另等係動物形圖案，別二類：第一，鳥紋，飾於盆腹壁。鳥紋有兩模樣：其一彩紋或近鳥狀，形態生動。鳥紋或近鳥狀，或似蝌蚪。其二系蛙紋。

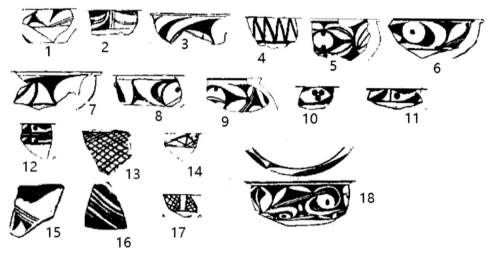

圖二二　華陰西關堡遺址殘紋

此外，復原瓦器也見彩繪。圖二三，盆，器樣 T1：3：8，大口，折唇，腹壁作弧形收縮，平底。腹壁繪圓點、線條、弧線三角、鉤葉。口徑程 40、底徑程 12、高程 15.2cm。

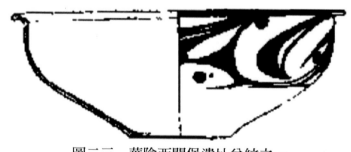

圖二三　華陰西關堡遺址盆紋之一

　　圖二四，缽，器樣 T60：3：22，腹壁上部施一周彩繪（圓點、弧線三角），口徑程 30.8、底徑程 12、高程 12.5cm。

圖二四　華陰西關堡遺址缽紋

　　圖二五，盆，器樣 T101A：5：35，大口、卷唇、深腹、小平底，腹壁飾以兩鳥紋。口徑程 30、底徑程 12、高程 20cm。

圖二五　華陰西關堡遺址盆紋之二

　　圖二六，甕，器樣 T51A：2：38，大口、腹壁中部鼓出、小平底。腹壁飾以彩繪。口徑程 30.5、底徑程 12.4、高程 46.4cm。

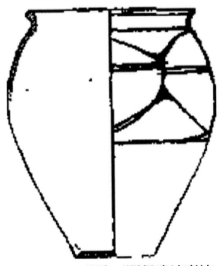

圖二六　華陰西關堡遺址甕紋

　　圖二七，碗，器樣 T65：4：11，敞口、曲腹、小平底。腹壁飾以白衣，上部彩繪（圓點、弧線）。口徑程 13.2、底徑程 5.2、高程 8cm〔註24〕。

圖二七　華陰西關堡遺址碗紋

（2）器殘紋識見

　　發掘者識見紋飾圖案別幾何紋、動物形圖案。幾何紋由圓點、鉤葉、弧線三角、曲線線條與方格紋等組成。動物形圖案下別鳥紋與蛙紋。鳥紋、蛙紋識見對於後起研究者施加誘導延及當下。

5. 寶雞鬥雞臺邠縣下孟寶雞咸陽及淅川下集遺存掘理與器殘紋識見

1）鬥雞臺遺存器彩紋與邠縣下孟遺址器殘紋識見

（1）鬥雞臺遺存器彩紋識見

　　1958 年 8 月迄當年底，中國科學院考古研究所寶雞工作隊發掘了鬥雞臺遺存。掘理者見陶器紋飾較簡單，繩紋為主，多施於陶甕、陶罐等外部。彩繪紋飾多施於盆、缽、瓶的口沿與腹部。紋飾有三角形紋、圓點紋、折波紋、網紋。船形壺（或菱形壺）的形制和上面的網紋較新奇。

　　發掘者述隨葬器云：頻見陶器尖底瓶、缽、大口小底罐、細頸瓶等。有一甕棺葬小孩屍體仰臥，用一個破陶甕套在他的頭部至腰間，下肢則完全露在外面。甕棺葬之缽往往扣在大口小底罐上，或者兩個缽互扣一起〔註25〕。今依《寶雞北首嶺》拓圖，器樣 M98：（3），圖二八上。在細頸瓶上有生動的魚紋和鳥紋，器樣 M52：（1），圖二八下〔註26〕。

〔註24〕中國社會科學院考古研究所陝西工作隊：《陝西華陰西關堡新石器時代遺址發掘》，《考古學集刊》第 6 集，中國社會科學出版社，1989 年，第 57 頁～第 60 頁。

〔註25〕中國科學院考古所寶雞發掘隊：《陝西寶雞新石器時代遺址發掘記要》，《考古》1959 年第 5 期。

〔註26〕中國社會科學院考古研究所：《寶雞北首嶺》，文物出版社，1983 年，彩版 1、2 與 3。

圖二八　寶雞鬥雞臺瓦壺與細頸瓶彩紋

（2）邠縣下孟村遺存器紋識見

1959 年，陝西考古所涇水隊發掘了邠縣下孟村遺址，起出陶器多西細泥器與夾砂粗陶。器形：尖底瓶、罐、甕多見。也見彩陶。紋飾「主要是由圓點、鉤葉組成。另見個別器物，具有用單線條繪成雞尾狀紋飾。也起出 1 件白衣彩陶罐。紋飾多繪於缽、盆、罐口沿與腹部〔註27〕。

謀便檢討，今依起出之所為與碼，並依掘錄圖版壹器次第而器樣如後。圖二九，1.BXXMC：2。2.BXXMC：3。3.BXXMC：13。BXXMC 為起出地與碼，告邠縣下孟村。

〔註27〕陝西考古所涇水隊：《陝西邠縣下孟村遺址發掘簡報》，《考古》1960 年第 1期。

圖二九　邠縣下孟村遺址器紋

（3）寶雞與咸陽遺存踏勘與採得器殘紋識見

陝西考古所於 1959 年 3 月在鳳翔、興平、麟游調查古遺址。他們發現 32 處仰韶文化遺址，譬如彪角、岐陽、按板平、史家、遊鳳等地。採集瓦片多係細泥紅色瓦片。幾乎每遺址都有彩陶片。彩陶片來自盆、鉢，繪各種花紋，以弧線與圓點紋為主。今拓印此圖版於後，圖上瓦器座並錄〔註 28〕。

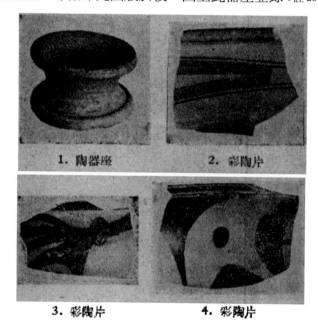

圖三〇　鳳翔與興平考古查得器殘紋

〔註 28〕陝西考古所渭水隊：《陝西鳳翔、興平兩縣考古調查簡報》，《考古》1960 年第 3 期。

　　圖三〇，第 1 器出自姜源西村。殘片 2 出自遊鳳。殘片 3 出自彪角。殘片 4 出自底寺。

2）淅川下集遺存掘理與殘紋識見

（1）下集遺存掘理

　　1959 年 3 月，長辦考古隊發掘了淅川下集遺址。發掘者在淅川下集遺址早期地層起出瓦器含彩陶。質地以紅陶為主。彩陶以黑彩為主，紋樣有弧邊三角紋、弦紋、米字紋、幾何三角紋、圓點紋。這些圖案風格，與河南廟底溝文化比較接近〔註29〕。

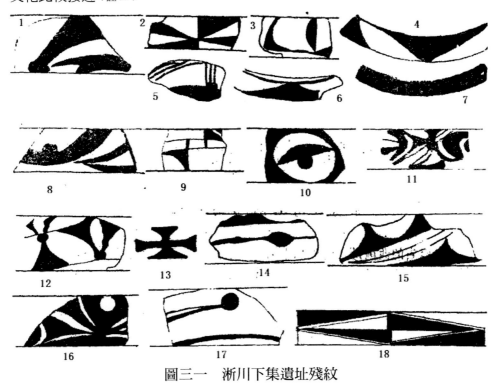

圖三一　淅川下集遺址殘紋

（2）殘紋識見

　　發掘者言紋樣有弧邊三角紋、弦紋、米字紋、幾何三角紋、圓點紋。弧邊三角紋之名較之三角紋精細。未見細部考究。幾何三角紋之名似乎對偶弧邊三角紋。此二圖樣係相同，抑或根本不同之圖樣，值得深究。

〔註29〕原長辦考古隊河南分隊：《淅川下集新石器時代遺址發掘報告》，《中原文物》
　　　　1989 年第 1 期。

（三）六十年代掘理者器殘紋識見

1. 王灣趙窯白泥窯子大溪西水泉茅草寺遺存掘理與器殘紋識見

1）洛陽王灣與武安趙窯遺存掘理與器殘紋識見

（1）王灣遺存掘理與器殘紋識見

自 1959 年秋迄 1960 年春，北京大學考古實習隊揭露了洛陽王灣遺址，察知此地新石器時代文化地層厚達 3 米。在第一期地層起出瓦器，泥質者居多，次為夾砂灰褐瓦器。「彩陶花紋簡單，但線條流利，主要是由弧線三角與圓點聯合成的母題」。第二期地層起出彩陶花紋含第一層花紋，但變繁。新紋飾有：「如 X 形紋、S 形紋、眼睛紋、波紋和疏鬆之網紋等」，相當於河南秦王寨之彩陶〔註30〕。

（2）武安趙窯與清水河白泥窯子遺存掘理與器殘紋識見

1960 年 7 月迄 8 月，河北文化學院文博專業與河北省文化局文物工作隊聯合發掘了趙窯遺址。發掘者在仰韶文化地層之下層起出彩陶片。彩陶片多見於細泥紅陶。紋樣有平行條紋、交錯平行條紋與網紋，也見口沿施一道彩紋者。

梳紋，器樣 T9③：24，圖三二，1；網紋，器樣 T4⑤：28，圖三二，2；斜交並行線紋之一，器樣 T9③：25，圖三二，3；斜交並行線紋之二，器樣 H21：9，某種缽，口微斂、深弧腹、小平底，紋飾有平行豎線紋、斜線紋、交錯平行直線紋，圖三二，4。器樣 T17④：8，細泥紅陶，黑彩。口徑程 20.8、高程 14.4cm，圖三二，5。器樣 T17④：19，灰陶，褐彩，口徑程 9.2cm、高程 5.2cm，圖三二，6〔註31〕。

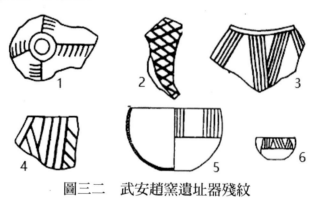

圖三二　武安趙窯遺址器殘紋

〔註30〕北京大學考古實習隊：《洛陽王灣遺址發掘簡報》，《考古》1961 年第 4 期。
〔註31〕河北省文物研究所、河北文化學院：《武安趙窯遺址發掘報告》，《考古學報》1992 年第 3 期。

（3）清水河白泥窯子遺存殘紋識見

內蒙古清水河白泥窯子村新石器時代遺址起出彩陶片若干，某鉢殘片畫作被發掘者視為花草紋，圖三三〔註32〕。

圖三三　清水河白泥窯子遺址殘紋

此外，內蒙古清水河縣檯子梁遺址起出「寬帶紋彩陶大碗」，此物「圓底」，紅胎，外施紫紅色陶衣。口外側繪以黑色寬帶，帶寬程 3.8cm、器高程 10cm、口徑程 26.7cm〔註33〕。

2）大溪西水泉茅草寺遺存掘理與器殘紋識見

（1）大溪遺址發掘及彩繪識見

大溪文化彩陶，發掘者講，陶質與細泥紅陶相同，在器表繪以黑彩，間或在黑彩中夾有紅彩。見於罐、鉢、瓶〔註34〕。今擇圖清者拓印如後。

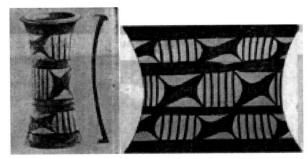

圖三四　巫山大溪遺址 M11 器紋

發掘者講，此地彩陶僅見於瓶、罐、鉢、碗。紋飾有直線、弧線、半月形及圓圈紋等。

〔註32〕汪宇平：《內蒙古清水河縣白泥窯子村的新石器時代遺址》，《文物》1961 年第 9 期。

〔註33〕前人，《清水河縣檯子梁的仰韶文化遺址》，《文物》1961 年第 9 期。

〔註34〕四川長江流域文物保護委員會文物考古隊：《四川巫山大溪新石器時代遺址發掘記略》，《文物》1961 年第 11 期。

（2）西水泉遺存掘理與器殘紋識見

1963年，社科院考古所內蒙古考古隊發掘了赤峰西水泉遺址。起出瓦器多係缽，泥質。紅口灰腹、平底。一些泥質陶面有彩繪。紋飾有並行線紋、渦紋、菱形紋、鱗形紋等，或以它們組成二方連續帶形圖案。每組圖案多用正倒三角形或四邊形分割。此地起出「紅頂碗」式缽與彩陶圖案，與中原後崗類型仰韶文化遺址同類器近似。

發掘者述，瓦缽表面多磨光，口部施黑彩或紅彩花紋。「紅頂碗」式紅口灰腹缽最多。器樣T7②：20，復原器。尖圓唇、口微敞、深腹、平底。口部塗黑陶衣一周，腹部深紅色。口徑程19.5、高程10cm，圖三五，1。另一缽，復原器，器樣H4：2，器較小，直口、折腹、腹較深、小平底，腹部飾黑色並行線紋組成圖案。口徑程9.8、高程6.9cm，圖三五，2。器樣T26①：4，由三角渦紋和鉤形紋組成圖案，圖三五，3。某種斂口罐，器樣T13①：22，腹飾黑色並行線三角形與渦紋組成的圖案，腹部殘留一耳。口徑程8cm，圖三五，4。另一斂口罐，器樣63採：11，尖圓唇，飾紅色並行線組成三角形紋。口徑程12cm，圖三五，5。某種小口罐，器樣T53①：20，短頸、口微斂，口下飾黑色菱形紋。口徑程22cm，圖三五，6〔註35〕。

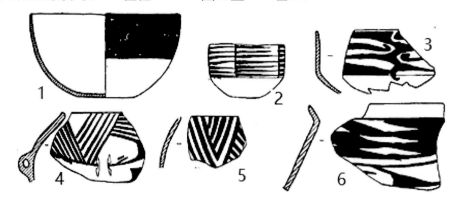

圖三五　赤峰西水泉遺址器殘紋

（3）茅草寺遺存掘理與器殘紋識見

唐河縣茅草寺遺址起出彩陶壺、彩陶片。彩繪殘片，器樣T5：53，圖三六，1、2、3。彩繪壺，圖三六，4，器樣T5：127。彩繪殘片，圖三六，5，器樣T4：1。

〔註35〕中國社會科學院考古研究所內蒙古工作隊：《赤峰西水泉紅山文化遺存》，《考古學報》1982年第2期。

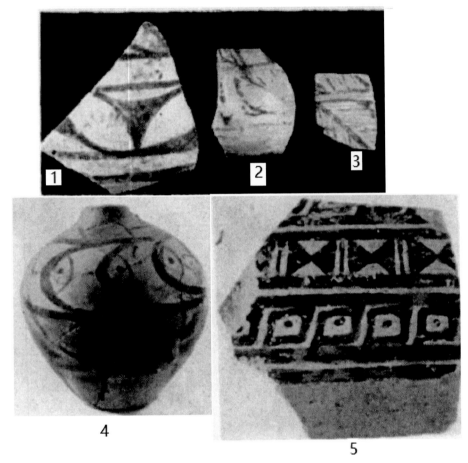

圖三六　唐河茅草寺遺址器殘紋

　　另有骨角器（T5：74）。掘理者述此彩陶壺云：泥質紅陶，小口，深腹圓鼓，平底。腹上部以黑彩繪魚頭形圖案。彩陶片多用黑色、紅色、白色，繪於缽形器或壺形器口部和腹部。圖案有三角紋、禾葉紋、圓渦紋和回形紋。禾葉紋指圖三六，3〔註36〕。

2. 半坡遺存掘理與器殘紋識見

1）瓦器紋樣屬類與器殘紋名類

（1）瓦器紋樣屬類

　　1954 年 9 月迄 1957 年夏，中國科學院考古研究所曾 5 次發掘半坡遺址。掘理者別紋飾如二類：第一，器物製造過程施加紋飾。第二，屬於裝飾

〔註36〕河南省文化局文物工作隊：《河南唐河茅草寺新石器時代遺址》，《考古》1965
　　　　年第 1 期。

性質的紋飾。前者如繩紋、編織紋、線紋等。後者如彩陶花紋與弦紋剔刺紋、附加堆紋。「精神文化面貌」章下,「反映意識形態方面遺存」節下,「藝術」節下,掘理者題「繪畫藝術——彩陶上的裝飾花紋」。紋飾類別,以幾何形圖案花紋為主,動植物形象花紋為特色。著彩器物類型有十幾種。器物繪紋彩與著彩部位有一定的格式與規律。掘理者施加辨識力於「花紋的類型」、「花紋形式的組合與演化」。花紋類型下,掘理者別動植物形象 A、幾何形圖案 B。

掘理者述彩繪紋飾顏色云:以紅地黑花為主。其色配有五:原地黑花或黑色帶紫花、原地黑紅二色花、加白衣黑花或黑紅二色花、原地白花、原地(青灰色地)紅花。紋飾以幾何形圖案花紋為主,動植物形象花紋獨具特色。

(2)動植物紋樣識見

A 型下,動物形象紋樣別人面形、魚形、鹿形與其他鳥獸形象。魚紋最多。植物花紋有象徵草木或穀物繁生形態之紋樣。A1 型人面形花紋 7 例。多繪於翻唇淺腹盆內壁。僅一件翻唇折腹盆肩部有彩繪(圖版壹壹貳,4,P.1002)。彩繪保存人面基本形象。人面作圓形或橢圓形,眼及耳稍以上作黑彩。眉或作空白彎曲線狀或塗黑。鼻作倒「T」字形或垂三角形。眼用兩段直線表示。耳部向外平伸向上翹起彎曲成鉤,或兩邊各加一條小魚。嘴以下全黑。嘴唇露地作「Z」形,兩嘴角邊有兩道交叉斜線,或各銜一條小魚,在斜線或魚身周圍加以短斜線或圓點。頭頂有三角形髮髻。另外有相交的兩線作成尖錐狀,兩邊加斜線或圓點。別三樣式。

A1a 式,兩耳部作向上彎曲狀,前額有露地之倒三角形,紅地黑彩,圖三七,1、2。A1b 式,兩耳部作相對兩條小魚,頭額右方部分露地,略成鐮刀狀。紅地黑彩,圖三七,3、4。A1c 式,同 1a,惟口角銜兩條小魚,紋飾外圍俱用圓點圍繞。頭頂是半圓狀束髮並有橫出髮笄,由此可推測當時人髮形及笄的用處,紅地黑花,圖三七,5。

A2 型,魚形花紋,其件數多、變化大,生動逼真。大多飾於卷唇折腹圓底盆肩部。其次飾於卷唇盆內壁。也見飾於斜頸罐與圓底直口缽上。魚紋形式可別為單體魚紋與複體魚紋。

單體魚紋別後紋樣:

　　A2a式，魚身各部全，頭尾鰭及身段各部比例相稱，口微張、鼻尖翹起。作游水狀。多紅黑彩或紫彩，圖三七，6、8。A2b式，與2a相似，張口有牙、目大睜，向前張望，圖三七，7。A2c式，僅具頭、身、尾而無鰭，口張目睜上視，圖三七，9。

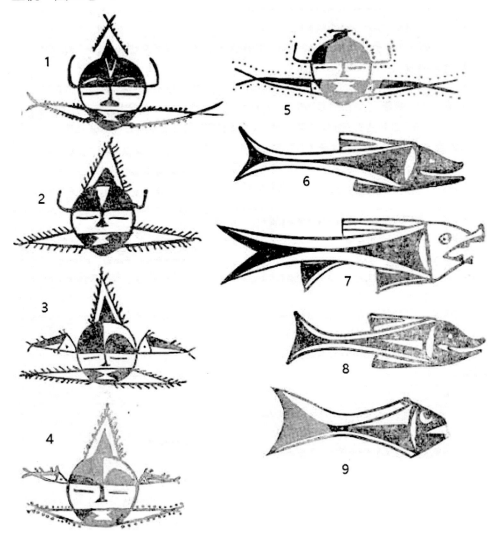

圖三七　半坡遺址人面魚形花紋之一

　　A2b式頻見魚紋之頭部，齒作圓形或三角形，有兩齒、三齒與四齒相對，也有張口無齒者，圖三八，1〜9。

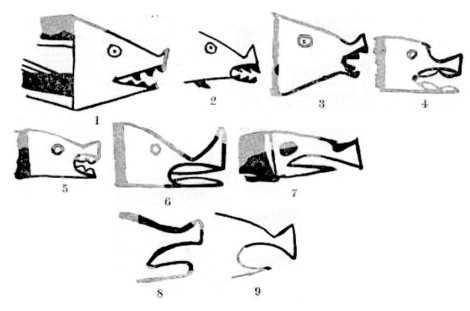

圖三八　半坡遺址魚頭花紋

A2d 式，魚體作三角形，頭、身各部都由不同形狀的三角形構成，其他部分以簡單短線表示，為形象化圖案，圖三九，2。

A2e 式，形似 2d，鱗作斜方格紋，形象更逼真，圖三九，1。

A2f 式，體作彎曲狀，飾於卷唇盆底，圖三九，3。另見一些魚頭紋飾，嘴或作尖狀，或作閉合睜目向前覓食，或張口作「游動狀」，或如臨勁敵怒目相視。

第二種複體魚紋由兩條或兩條以上魚紋組成。它別壓迭、並列二等。此紋飾甚夥，形態變化複雜。它別為如後各式。

A2g 式，兩魚平行壓迭，魚身、魚頭合在一起。紅地黑彩或黃地紫彩，圖三九，6。

A2h 式，兩魚相迭僅有一魚頭，稱作「合首魚紋」。此式花紋已近於圖案化，圖三九，7。

A2i 式，兩魚相迭，僅有魚身而無魚頭。紋飾多趨於圖案化，有些保留魚的固有特點，有些則「加枝添葉」，無固定形態，圖三九，4。

A2j 式，兩魚頭部相接組成一條帶狀花紋。已圖案化，體部已失去魚的形態，頭部作三角形，圖三九，9。

A2k 式，三條魚迭成花紋。占複體魚紋多數，圖三九，5。

　　A21式，四魚相交迭壓成花紋。此種花紋飾於直筒罐或尖底器外表面。地灰褐色，紋作深紫色。紋飾別置，計四條魚，上下壓迭。尾部兩兩相接，係一身兩頭狀。魚鰓翹起、眼圓睜、口大張，有齒作方格狀。魚頭兩端，皆補以豎三角與斜線紋，圖三九，8。

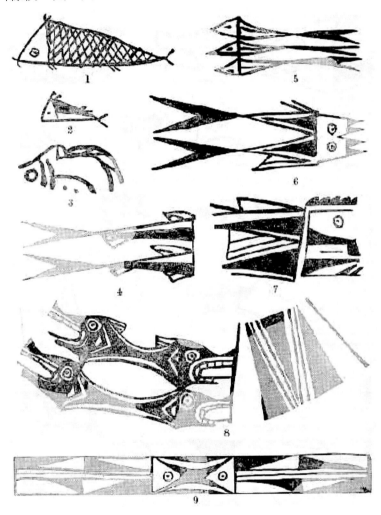

圖三九　半坡遺址魚形花紋之二

　　也見魚體或頸部局部紋飾圖案化。其式樣有五：其一，體作扁圓狀，中間塗彩，外繞一周線紋；其二，用線條畫出魚體形狀，圖四〇，5；其三，魚身半著彩半露地，兩側各有對稱兩對魚鰭，以三角線條或單線條表示。其四，魚身上面平直，塗彩作圜曲狀，用線條或全塗彩表示；其五，魚身成近似曲線或三角形圖案化形狀。此外，有圖案化了的魚形花紋。

A3 型，人面與魚形合體花紋，圖四〇，2，器樣 P.4422。僅留頭部一段。外部輪廓是魚頭形，裏面畫一個人面形花紋。此花紋大概有特殊意義，也須有「寓人於魚」的意思。

A4 型，鹿紋，長頸、有角、短尾。筆調簡單，富有形象化意味。飾於卷唇圜底盆內壁。別三式：A4a 式，作奔跑狀，圖四〇，6。

A4b 式，作行走狀（圖四〇，7）。A4c 式，作停立睨視狀（圖四〇，8）。

A5 型，似禽類圖案。僅存腰、足、尾一部。作佇立狀，圖四〇，9。

A6 型，爬蟲類圖像。形似龜（？），存背甲一塊與前後兩足，圖四〇，12。

A7 型，動物頭面的正面圖案化形象花紋。別 2 式：A7a 式，似彎角仰頭正面形象。中間是一個尖錐狀鼻，鼻上端向外彎曲有兩個大彎角，角內鼻兩側各有兩黑點，似為眼睛。由其特點觀察，似羊頭，圖四〇，10。

A7b 式，與殷周銅器上饕餮紋相似。鼻作方形，嘴唇上翻，兩眼圓而大，額上飾三角紋。由其形狀觀察，似為魚頭的正面圖案化形象，圖四〇，11。

A8 型，植物花紋，別 4 式。A8a 式，在主幹兩旁各伸出四個向上的枝杈，像植物的自然生長形狀，圖四〇，13、14。A8b 式，像草木枝葉隨風飄搖呈倒垂狀。A8c 式，樹葉狀紋。A8d 式，樹幹枝葉紋。暗褐色地黑彩。

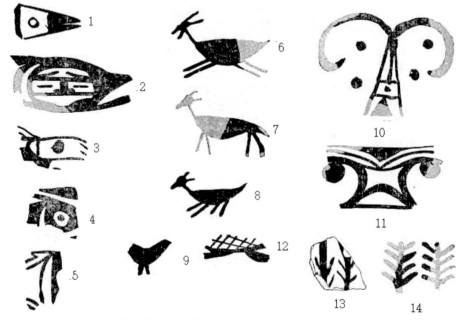

圖四〇　半坡遺址魚頭及鳥獸花木紋

（3）幾何紋樣識見

掘理者述幾何形圖案花紋云：由各種形狀的三角形、直線或斜線、圓點以及折波狀線條等四種主要原素組成。紋飾結構有豎、斜與橫三種，每種形狀各有獨特風格。

B1 型，寬帶紋。其數最夥。飾於直口圜底缽或凹底缽口唇外面，呈寬帶狀。寬 1～6cm 不等，均寬約 4cm。一些紋彩刻「符號」，圖四一，1。

B2 型，豎條紋。在直口圜底缽口沿垂直畫一道（B2a）或若干道（B2b）粗壯豎紋，形似圓柱狀，或作倒圓錐體。長程 6、寬程 2cm，圖四一，2、3。

B3 型，大三角紋，飾於直口圜底缽口唇外面。三角形底邊與口沿平齊，頂角下垂成鈍角狀，底邊有長達 7cm 者。上面亦頻見「符號」，圖四一，4。

B4 型，別兩式。B4a 式，豎線紋。其數不夥。用密集細豎線組成，像植物紋演化形態。飾於直口缽口沿外邊。紅褐色地，黑紫彩，圖四一，5。

B4b 式，細線與粗線組合紋飾。

B5 型，斜線紋，細、粗線條組成，線紋粗細、間距皆相等。頻飾於折腹圜底盆肩部，圖四一，6，在圜底缽口沿寬帶紋上，亦有刻畫斜線紋。

B6 型，圓點紋。僅一個或兩個圓黑點，用於配合各種紋飾，罕見獨立成組。飾於直口圜底缽口沿上。多黑彩或紫彩，圖四一，7。

B7 型，折波紋。用褐線條折曲而成，似水波狀。能見全器有數條平行整波紋（B7a），也見一條整波紋。在波浪起伏的空隙繪出層迭短波（B7b）。長頸壺或圜底缽面此等畫最規則。紅色或乳白色地飾黑彩或紫彩，圖四一，15、16。

B8 型，月牙狀花紋。形如月牙狀長半圓形，或用兩個月牙狀紋組成一橢圓形紋飾。多作補充紋飾。

以上八種紋飾，是獨立成組花紋，也是組成其他複雜花紋之基本要素。諸基本要素構成之紋飾組如後。

B9 型，三角形與三角形組成紋飾。B9a 式，同形狀三角形正倒相間組成花紋，在黑彩三角形間露出原地，則成折波紋。飾於長頸壺腹部或 XIII3a 型罐之肩腹部，圖四一，9。也有用直角三角形與正三角形組成圖案，飾於直口鼓腹罐上，圖四一，11。

B9b 式，由幾排連續直角三角形，上下平行組成，飾於圜底缽外口沿上，形如迎風招展的旗子，圖四一，8。B9c 式，由若干形狀不同之三角形頂角對聚組成花紋。如用八個三角形，組成一長方形，圖四一，17。露地部分呈光芒

外射狀。

B9d 式，在長方形內用斜線交叉分成四個三角形。每個三角形內又用黑彩塗繪一個相似的小三角形，圖四一，14。

B9e 式，兩個豎立直角三角形中間填補圓點紋組成紋飾。紅褐色地黑彩。B9f 式，四個三角形分兩組，每組兩頂角上下相接，二組之間成一長方形。露地部分亦成四個三角形，每組兩頂角左右相接。飾於缽上，圖四一，12。B9g 式，與 B9f 式相同。在兩組三角形間加一條平直線，圖四一，10。B9h 式，上下兩組，每組用兩對相連的對頂三角形組成，露地部分中間也成菱形，兩邊各為三角形。在整個紋飾兩側加鑲豎向粗線條，圖四一，13。

圖四一　半坡遺址圖案花紋之一

　　B10型，三角形與斜線條組成紋飾。斜線與正三角形互相交錯連續不斷，組成一條整體紋飾，花紋筆劃的密疏粗細與三角形的形狀大小和整個紋飾的狀態適應。這類花紋都飾在小直口圜底缽的口沿外面。別11式，B10a式，一個三角形與粗疏的斜線排成一組花紋，圖四二，1～3。B10b式，與B10a式形狀相似。三角形的邊畫得很粗，裏面露出的三角形地子，圖四二，5。B10c式，連接大三角形每邊的中腰，分成相等的四個小三角形，中間一個為原地，其餘三個著彩。在大三角形的兩側加繪斜線，圖四二，4、8。B10d式，與B10c式基本相同，惟三角形被斜線截去一部分而形縮小，圖四二，7。B10e式，中間是倒垂的等邊三角形，兩邊各有四道平行斜線，在斜線兩側各有一直角三角形。B10f式，直角三角形與斜線紋組成長方形紋飾。兩邊為對應的兩個直角三角形，中間三道斜線，與三角形斜邊平行。多飾於圜底缽上，圖四二，9。

　　B10g式，由兩個B10f式紋飾連接成一組花紋，圖四二，10。

圖四二　半坡遺址圖案花紋之二

B10h 式，豎三角形間僅夾一條斜線（《西安半坡》圖版壹伍柒，3）。B10i 式，橫直角三角形與斜線組合紋飾，由 B10f 式花紋橫置即成。多飾於折腹圜底盆上，圖四三，1。

B10j 式，兩組 B10i 式紋飾中間用一對對頂三角形花紋連接起來，圖四三，5。

B10k 式，用兩組 B10i 式圖案上下重迭合成一組，相接的兩三角形互相重合，圖四三，3。

B11 型，三角形加豎線紋組成之紋飾，別 3 式。

B11a 式，中間有八道豎線紋，兩邊各有三個形狀、方向、大小一致並連接起來的三角形紋。

B11b 式，中間有七道直線紋，紋道彎曲，兩邊各有兩個上下排列的倒直角三角紋。飾於折腹圜底盆肩部，圖四二，13。

B11c 式，中心形式與 B11b 式相同，兩邊不用三角形而代之以平行的短線紋。

B12 型，三角形與折線組成紋飾。中間兩個頂角相等的等邊三角形，順著兩三角形形成之折角，每邊飾以三道平行的折線紋，圖四二，11。

B13 型，豎線、三角形與折線組成紋飾。中間四道豎線紋，兩邊有兩個頂角相對的直角三角形，沿直角三角形形成之這邊，飾四條折線紋，最外側飾以等腰三角形。全花紋成一橫向長方形紋樣，圖四二，12。

B14 型，三角形與並行線、斜線組成紋飾。這種紋飾變化多，組成橫向長方形圖案。紋樣別 9 式。

B14a 式，上面一個倒三角形，下面一道與三角形底邊平行的橫線，圖四三，8，係此類花紋最基本圖案。

B14b 式，兩個等腰三角形頂角對應，中間加一道橫線，橫線兩端各加一個三角形，圖四三，7。

B14c 式，上下兩個橫置的直角三角形，間夾 2～5 道並行線。飾於折腹盆肩上，圖四三，14。

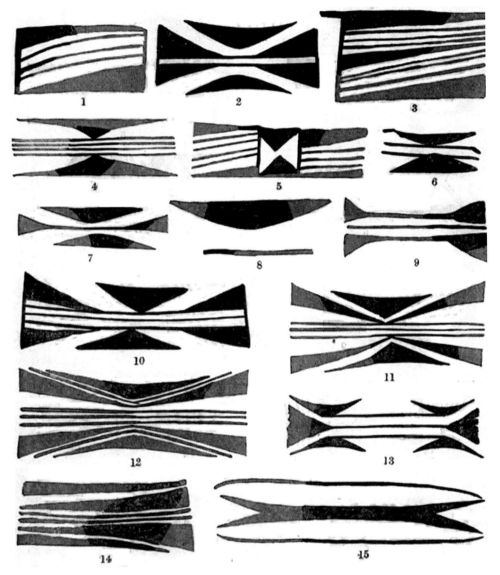

圖四三　半坡遺址圖案花紋之三

　　B14d 式，長方形整體紋飾，間夾線分作四個相等小長方形，每個小長方形內以對角線分成兩個對應的直角三角形，也有在三角形間再加斜線者。黑紅兩色參差，圖四四，9、10，也有彩色一致者，圖四四，11。

　　B14e 式，一組長方形花紋別四部，左邊兩部有兩個直角三角形，中間夾對角線；右邊上半部別成三個三角形，下半部別成兩個直角三角形，圖四四，12。

B14f 式，兩個頂角相等的等腰三角形間加二至四條並行線，圖四三，4、6。

B14g 式，與 B14f 相似，間隔之兩條並行線兩端各有一直角三角形，圖四三，2。

B14h 式，與 B14g 式相似，中間多加一至四條並行線，圖四三，10、11。

B14i 式，似 B14h 式，兩個頂角相對之三角形內側多加一條折線，圖四三，12。

B15 型，三條並行線，上下兩條的兩段各作一直角三角形，圖四三，9。

B16 型，三條平行直線，中間一條直線兩端各有一個等邊三角形；上下兩線的兩端各有一個凹底等腰三角形，圖四三，13；此係一種比較特別的紋樣。

B17 型，中間一條粗橫線，兩端分叉如魚尾狀，上下各加一道並行線，線兩端相向向內彎曲，圖四三，15。

B18 型，由凹邊三角、弧線與半月形、菱形花紋組成之紋飾。此種紋飾係半坡彩陶花紋主要一類。由四個相聯凹邊直角三角形，組成一個長方形外形與橢圓形或截尖棗核形內形。中部紋樣頗多變化。可別 7 式。

B18a 式，橢圓形中間，加一個菱形圖案，圖四四，1。

B18b 式，將 B18a 式中間菱形圖案別四部分，兩對角繪相同色彩，圖四四，4。

B18c 式，四個三角形，頂角未連，中間係兩個相對之半長條橢圓形紋飾。

B18d 式，中間菱形內，加飾同菱形線條與梭形紋飾，圖四四，6。

B18e 式，在 B18f 式外側中腰，上下加一對頂角相對的三角形，圖四四，2、8右。

B18f 式，中間菱形花紋，橫別成三部，是兩個橫長腰三角形，兩底邊間有一塊正方形黑彩；上下兩面為半長橢圓形，在正方形黑彩的上下露出一段原來的地子，圖四四，5。

B18g 式，B14g 式與 B18a 式組合，中間菱形內飾以相對的兩個半月形紋，圖四四，7。

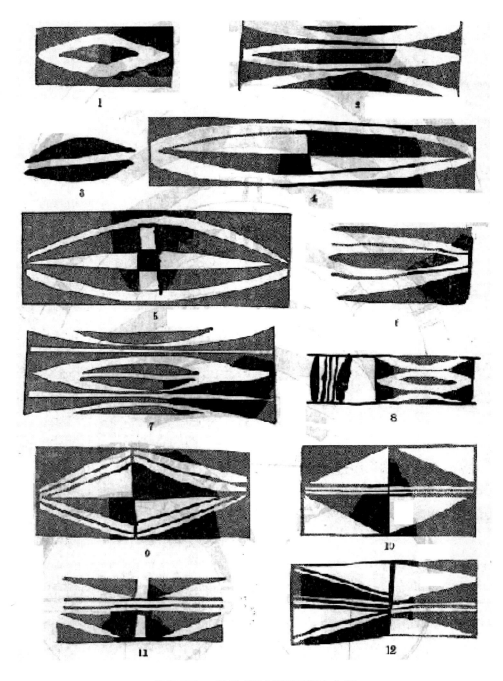

圖四四　半坡遺址圖案花紋之四

B19型，用斜線條交錯作成的斜方格網紋，多飾於卷唇盆內壁。別2式。

B19a式，作倒三角形，圖四二，18。

B19b 式，作菱形，在四個角上各加一三角形。與人面魚紋相間飾於器壁，圖四二，17。

B20 型，三角與折波紋組合成紋飾，飾於小口長頸壺腹肩部。二條平行粗線折波紋，上下兩邊形成連續對頂三角形紋，圖四一，18。

B21 型，豎行折波線相交組成斜方格紋，僅見一例，圖四二，16。

B22 型，兩條斜線相交成一斜「十」字，在三個斜十字中間，各填六條方向相同斜線紋。飾於圜底缽口唇外壁，圖四二，6。

B23 型，用圓點、鉤葉與凹邊三角形組成紋飾，狀似螺旋紋。皆飾於卷唇曲壁小底盆肩部。此種花紋標本不多，總計十數片（《西安半坡》圖版壹陸壹，2、4-21）。

B24 型，用圓點、垂葉與斜線組成紋飾，飾於斂口平底缽上口沿部分。紋飾簡單成一窄帶（圖版壹陸壹，22）。

B25 型，別 2 式。B25a 式，並行線、圓圈與圓點組成紋飾，多塗於表面粗糙未磨光之大型器上面。紅地白彩，僅有兩件標本（圖版壹陸壹，1、3）。B25b 式，圓圈與黑點組成紋飾。B26 型，同心圈紋，飾於盆類表面或底部（圖版壹伍柒，18）。B27 型，頂角相聯之凹邊三角形與圓圈組成一組紋飾（圖版壹伍柒，16）。B28 型，圓點與一組並行線組成的紋飾，飾於器物底部。

B29 型別 2 式。B29a 式，三角形、方形與圓圈組成紋飾。正方形或長方形兩對角線相交分成四個三角形，對應的兩個三角形塗同一色彩，或加圓圈，像是魚頭的演化形狀，青灰色地紅彩，圖四一，19。

B29b 式，長方形或正方形由兩對角線分成四個三角形。

B30 型，不同三角形組成之鼓邊三角形紋飾，全組略作直角三角形，斜邊與直邊的外側各飾兩個豎列的三角形。斜邊的內側飾一邊凹陷的小三角形，底邊平列飾兩個圓弧頂的三角形。飾於折腹圜底盆的肩部，橙黃地黑彩，圖四一，20。

B31 型，多角形紋飾（圖版壹陸零，14）。

B32 型，三角形、直線與圓圈組成的紋飾。飾於長頸壺口沿。紅褐地黑紫彩（圖版壹貳柒，6 等）。

B33 型，芒星狀綴飾紋（圖版壹陸零，12）。B34 型，圓圈狀綴飾紋（圖

版壹陸零，6、19）。B35 型，貫錢狀紋飾（圖版壹伍肆，14）。

B36 型，外形似扣釘，中夾四條平行條組成連綴紋飾，圖四二，15。

上述之外，有些殘破致不能定名之花紋，有作圓點或交叉線者，有作方格狀者，有作平線斜線交接者，另有短線、折線與曲線相交組合而成各種紋飾。以上紋飾皆繪於器壁。口唇部幾何圖案花紋如後。

B37 型，一道單行黑彩帶紋。罐、盂、盆等器多見此紋飾。

B38 型，短線或長邊三角形作成，由口沿向外作放射狀紋飾。多飾於壺類口沿。

B39 型，由粗而斜行線條合成一組紋飾，僅見一例，飾於盆口唇。

B40 型，飾於盆口唇者別 3 式。B40a 式，成一段段黑紅相間長方形紋飾，圖四五，1。B40b 式，斜角或梯形黑彩，中間露出窄狹不規則斜線條紋，圖四五，2。B40c 式，不規則平行四邊形，圖四五，3。

B41 型，同一方向連接的三角形紋，圖四五，4。

B42 型，由大小不同的梯形正倒相間組成，中間夾一細斜線，圖四五，5。

B43 型，直線、三角形相交接組成的紋飾，全飾在盆上；B43a 式，鼓邊三角形或菱形，與兩條平列的豎線相間組成一組紋飾，圖四五，6。

B43b 式，三角形頂角向左與兩條平列的直線相間組成紋飾，圖四五，7。B43c 式，三角形頂角向右與三條平列的直線相間組成的紋飾，圖四五，8。

B43d 式，兩個對應的三角形，外側加三條平列的豎線組成的一套紋飾，圖四五，9。

B44 型，鋸齒紋與三角形組成一套紋飾，圖四五，10。

B45 型，用原地露彩作成三條直線交會的箭頭形與一條豎線相交間隔的紋飾，圖四五，11。有些中間隔三道黑彩。

B46 型，橫列之尖叉形花紋與縱列的兩道平行直線相間組成一套紋飾，交接處用一道或三道直線隔開，圖四五，12。

B47 型，兩個鼓邊三角形與兩條直線組成一組紋飾，每組花紋間再夾一道直線，作成垂幛式紋樣，圖四五，13。

圖四五　半坡遺址圖案花紋之五

2）花紋組合與演化猜見

（1）花紋組合猜見

發掘者又述花紋形式的組合與演化二題。發掘者議其組合曰：兩類紋飾都由幾個基本母題組合。象生性紋飾的基本母題是單個生物形象，如人面、魚形與植物枝葉等。以不同母題組成不同紋飾。組合方式或基於同一母題，如魚紋由單個與複合，或基於不同母題，如人面與魚紋組合。幾何形圖案花紋種類繁多，基本母題是一些不同線條與簡單圖案，計有三角折線紋、三角平線紋、三角折波紋、斜線交錯紋、豎線三角紋與圓點鉤葉紋等幾種。以諸母題組成不同紋飾。發掘者將器物上諸多圖案花紋組合別四種：

第一種，對稱組合。此乃半坡遺址彩陶紋飾組合之基本形式。紋飾太半以同一母題或不同母題花紋對稱組合。頻見以四個或八個個體花紋對應，間距大體相等。凡不同母題，間隔組成。如 P.4691 人面與魚形花紋布列狀況如此，原圖缺省圖版壹貳陸。母題相同花紋，象生性紋飾多取同一方向。不同母題花紋對稱組合：

A1a——B19b——A1a——B19b 兩組對稱；A1b——A2e——A1b——A2e 兩組對稱；A2g——B3b——A2g——B3b 兩組對稱；B18e——B4b——B18e——B4b 四組兩相對稱；B14h——B8——B14h——B8 兩組對稱；B14h——B17——B14h——B17 兩組對稱。

屬於同一母題花紋的對稱組合有：

A4b——A4b……四組兩相對稱；B14i——B14i……四組兩相對稱；B14g——B14g……六組兩相對稱；A1c——A1c……四組兩相對稱；A2a——A2a……四組兩相對稱；A2j——A2j……兩組對稱；以上組合之花紋組合對稱，個體的組成也對稱，每一個母題花紋形成，各部分形態也對稱。

第二種係不對稱組合。此類例子較少。花紋由單數組成。A2b——A2b——A2b：三條相同的魚紋組合。B17——B14h——B17：兩種不同花紋組合。

第三種，用同母題組成一條帶狀花紋，環繞器壁。譬如三角斜線紋（B10c）與三角折波紋（B7）組成。「這種花紋組合的特點是，母題花紋可以無休止的延長」。

第四種，兩種相異母題花紋相連合成一組花紋。其特徵往往以橫紋為主

飾，簡單與豎向花紋為副飾。豎向花紋插在兩個主飾間。如平線與長三角形組成的繁複紋組。中間加圓點、直線或頂角相對之三角形為綴飾。也見無副飾而露出原地之例。此種組合多見。例如：

A2e＋B10g……為一套紋飾；B10i＋B29b……環繞器壁；B9g＋b6……；B18＋B18b……。

例外情形有二等：其一，帶狀組合紋飾一組之後，器壁有餘地，以主飾含一種填入，為綴飾，可稱為附加紋飾。其二，某種豎行組合花紋，上面是B29a花紋，下面為豎線與齒紋組成的花紋，如P.4397。

（2）魚形花紋變成圖案花紋猜見

發掘者續述花紋演化推測云：發掘者檢討花紋組合與變化，察覺花紋演變過程。他們依層位分析了「幾種重要的花紋」，得出初步結果如後：

第一，直口缽寬帶紋多見（B1型），早晚期俱有此等紋飾，而早期居多。幾何形圖案花紋以晚期為多。第二，B14型、B18型幾何形圖案花紋，早晚期俱有。晚期盛行，其數約超早期一倍。第三，單體魚紋，早晚期俱有。早期魚紋生動，晚期以複體魚紋與複合魚紋為多。第四，人面花紋早期較多。第五，圓點勾葉紋，早晚俱有。晚期較多。白衣彩紋絕大多數是晚期。

發掘者續言，由諸事實得知花紋演變與時間關係，一些花紋由簡而繁，一些由繁而簡，也有花紋繁簡同時出現。由此推知，當時彩繪花紋部分寫實，部分出自概括而係抽象所得。象生花紋在早期很簡單，近乎圖案化，同時存在同形態生動逼真的花紋。

續此，發掘者檢討象生性花紋與幾何圖案花紋間聯繫。半坡彩陶花紋引人注目者係橫三角形與線紋組成的紋飾（B14、B18兩型下各式）與動物花紋之魚形花紋。這兩種花紋間存在密切聯繫。從獲得的多數標本能獲得線索，它說明這種幾何圖案花紋由魚形圖案演變而來。倘若將一些由魚形花紋變化與分化出的團加以比較分析，不難看出此二者間「血緣關係」。

後圖係發掘者推測由魚形花紋到圖案花紋演變蹤跡。他們認為：A2g式花紋可能由A2a或A2b式花紋簡化而成之複合魚紋，再多次變化漸次演化成A2i式無頭的複體魚紋，再多次變化，最後成為B18e、B14h或B9h、B9g、B9i等式純幾何形團花紋。此種團花紋已完全失去了魚紋圓形。

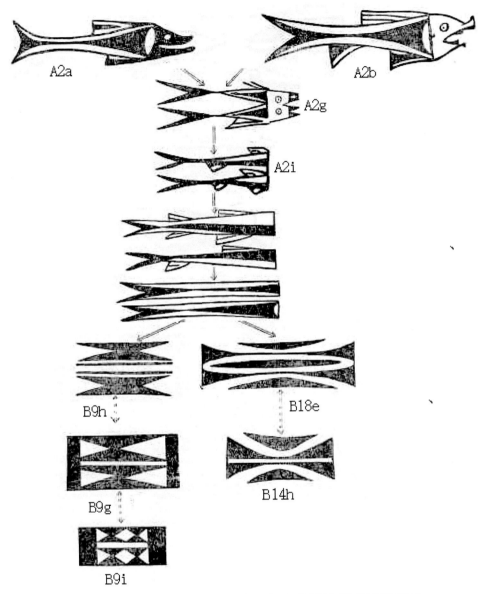

圖四六　掘理者推測半坡遺址魚形花紋演變成圖案花紋

（3）魚形花紋複合演化猜見

　　發掘者又推測，如後圖示，A2j 式花紋可能由 A2a、A2b 或 A2c 式魚紋組合而成。在魚形象變成圖案以後，分化成 B29a 與 B14d 式兩種花紋。此二式花紋各有不同變形，如 14e 等。它們可同時出現，也可稍後出現。

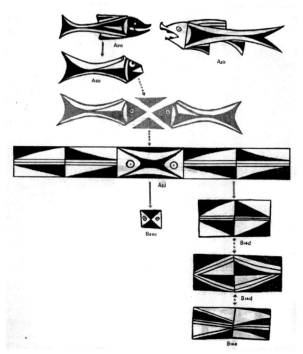

圖四七　掘理者推測半坡遺址魚形花紋複合演化

此外，B17 型或 B14b 式圖案花紋可能來自 A2a 或 A2c 魚形花紋，如後圖。

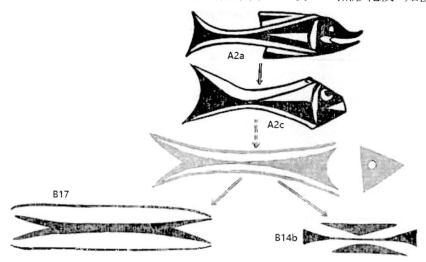

圖四八　掘理者推測半坡遺址魚形花紋演化

從以上三個花紋演變推測圖可以看出，魚紋演化成圖案過程發生了三種傾向：分化、融合、融合而後再分化。

融合的花紋有兩種表現：一種方向相反的兩個魚紋融合。兩尾魚頭漸趨接

近，形成兩個對頂的三角形，在對頂三角形的上下兩邊，最初露白，後來填以三角形、凸腰三角形或半腰三角形。兩魚頭相合後，幾何成一長方形或正方形，中間以兩條對角線分作四個黑紅相間的全等或相似三角形。在三角形內，以黑點火圓圈象徵魚的眼睛，魚身則全部圖案化（如 A2j 式花紋）。另一種融合是方向相同的兩個魚紋上下重迭。這樣融合的花紋以體部為主（如 A2i 式）。

花紋融合併圖案化後，以裝飾需要或演化規律而分化。有魚紋演化來的圖案花紋分化時，關鍵在於魚頭部、體部分化。如 A2j 分化成 B29a 與 B14d 兩種。體部演化形式較多，即使在定型圖案花紋內也能找到其近似者。

發掘者依其推測，發覺一條規律：頭部形狀越簡單，魚體越趨向圖案化；相反方向的魚紋融合而成的圖案花紋，體部變化較複雜；相同方向壓迭融合的魚紋簡單。末了，發掘者又將其推測限於假設內。發掘者不認為，每種花紋間有必然的演化關係。他們僅認為，諸花紋在演化過程中互相影響發展起來。

（4）掘理者述花紋與器形關係

最後，發掘者檢討花紋與器形關係。其一，同種類花紋幾乎盡裝飾於同類型器特定部位。譬如，寬帶紋絕大多是位於圜底缽、平底缽口外。一道彩飾於卷唇盆或弇口缽口沿部分。其二，斜線與三角形交錯花紋皆飾於直口圜底缽或平底缽口緣外邊。少數飾於卷唇盆或弇口缽上。其三，三角形與並行線組成之花紋盡飾於卷唇折腹圜底盆肩部。其四，三角形與折波紋組成之花紋盡飾於小口長頸壺上。其五，魚紋多飾於卷唇折腹圜底盆肩上；其六，圓點鉤葉紋盡飾於卷唇曲壁小底盆或厚唇淺腹盆上。其七，人面形花紋多飾於卷唇淺腹盆內壁。一種花紋飾於異器僅見 4～5 例。如豎直角三角形與斜線相交花紋，見於直口圜底缽，也見於折腹圜底盆上。人面紋一例位於折腹圜底盆外肩。但見變異。張口無齒魚紋一例見於斜口盂肩上。也見弧線與凹邊三角形組合花紋飾於圜底缽上。

半坡遺址彩陶花紋位置特點是，無論豎行、橫列，花紋皆成帶狀，環繞器壁。有彩繪器類限於盆、缽、壺、罐等數種。著彩部位俱在折腹或腹最大徑程以上鼓肩或鼓腹部。這些部位較狹窄〔註37〕，適合用帶形花紋。器體大者罕見花紋。無論豎向或橫向布列，花紋與器形適應。在直口圜底缽上，多用象生植物枝葉豎直花紋，折腹圜底盆肩部多飾橫列花紋，魚紋尤多。

〔註37〕西安半坡博物館：《西安半坡——原始氏族公社聚落遺址》，文物出版社，1963
　　　　年，第 163 頁～第 187 頁。

（四）七十年代掘理者器殘紋識見

1. 銅川武功寶雞遷安遺存掘理與器殘紋識見

1）銅川武功遺存掘理與器殘紋識見

（1）呂家崖遺存器彩與器殘紋識見

1974 年冬，呂家崖村村民平整土地時起出人骨架、石器、窯址等遺跡或遺物。銅川市耀州窯博物館得報後派人調查。調查者講，呂家崖遺址「彩陶比較豐富。器物表面上的裝飾有彩繪，附加堆紋、剔刺紋、指甲紋、弦紋、線紋、網紋、方格紋等八種」。彩繪用黑色，施彩於器口沿、肩部、上腹部外壁。「彩繪紋飾」可別二類：一類是由寬帶、直線、斜線、三角組成之幾何形、魚形紋飾；另類是由圓點、弧線組成之花瓣、圓渦及象生形紋飾（圖版三，2）。弦紋、線紋、網紋、方格紋多飾於器上腹外壁（圖三）。「陶器的器形，彩陶的紋飾等」，與西安半坡、陝縣廟底溝遺址起出同類遺物基本相同。「紋飾兼備半坡、廟底溝兩種文化類型彩陶紋飾的特點。I 式彩陶葫蘆瓶的紋飾為象生形圖案，與半坡人面紋藝術風格十分類似」。「但裝飾特點又具有廟底溝類型的圓點、弧線組成紋樣，且為一種單元圖案連續的藝術特點〔註38〕」。

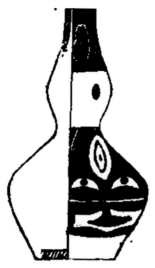

圖四九　銅川呂家崖遺址葫蘆瓶紋

發掘者述，此遺址起出細頸瓶 4 式、葫蘆瓶 6 式。今給圖舉葫蘆瓶以器樣 TCLJYI：01。五字母謂銅川呂家崖，I 謂式碼。

〔註38〕銅川市耀州窯博物館：《陝西銅川呂家崖新石器時代遺址調查》，《考古學集刊》第 2 集，中國社會科學出版社，1982 年，第 2 頁～第 5 頁。

（2）武功遊鳳遺址發掘

半坡博物館與武功縣文化館於上世紀 70 年代初發掘了武功遊鳳遺址。發掘者起出彩陶盆、房屋模型、彩陶片等。器形：缽類、瓶類、盆類。器多紅泥陶，也見黑陶。多素面。也見器內口沿或腹部繪黑彩或白彩。彩繪紋飾有圓點、條紋、平行線紋、三角渦紋、曲線紋等。

Ｖ 式瓶：小口如花苞狀，頸部細長，上腹部呈圓弧狀，腹中腰以下向內收斂。在口唇上繪輻射狀的條形花紋，中腹以上繪有魚紋。這種器形基本同半坡遺址的 X1b 式壺，「是半坡的典型器形之一」〔註39〕。

此器圖案被廣泛研究，器狀細頸曲腹。顧《圖譜》未錄此器圖，謀便易檢討，今依遺存地與發掘者命器式命此器為 WGYFV：01。

圖五〇　武功遊鳳 WGYFV：01 紋

2）寶雞北首嶺與遷安安新莊遺存器殘紋識見

（1）北首嶺遺存再掘理與器殘紋識見

社會科學院考古研究所寶雞工作隊於 1977 年 10 月迄 12 月發掘了北首嶺遺址。在此遺址中層土起出施彩瓦器。缽沿有寬帶黑彩，同半坡早期。某

─────────────

〔註39〕西安半坡博物館、武功縣文化館：《陝西武功發現新石器時代遺址》，《考古》
　　　　1975 年第 2 期。

種 I 式鉢，大口圜底、口緣較薄、素面磨光，口部繪一道寬帶黑彩，圖五一，1，器樣 T1H3。另外一樣，敞口圜底、口緣薄，素面磨光。在口部繪一道紅彩，圖五一，2，器樣 T4M3：6。壺，泥質紅色，口部花苞狀，細長頸、圓肩，腹下弧狀反折，小平底。器樣 T4：M15，肩部有三組用小三角迭砌成大三角等形狀黑彩，圖五一，3。葬闕 T2M10 骨殖 B1 顱旁櫨螺依鑒定產於南海或東海南部〔註40〕。

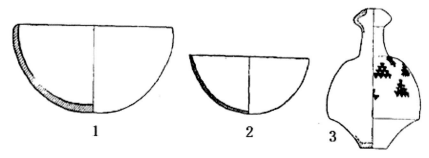

圖五一　北首嶺仰韶時期器紋

（2）遷安安新莊遺存掘理與器殘紋識見

1978 年，試掘者在安新莊遺址，起出施紋陶片若干。此等素面、磨光陶片近百分之三十施紋。紋別刻畫、按壓、錐刺與附加。紋飾別篦紋、指甲紋、網格紋、幾何紋、水波紋與連環紋。泥陶刻畫菱格紋、方格紋、間弦紋、連弧紋、圓圈紋。幾何刻畫：三角紋、方格紋、平行斜線紋等。

掘理者察見彩陶片，起出與採集殘瓦總計 55 片。皆係赭紅色，多數徑畫在泥質紅陶鉢、罐、盆與夾砂紅陶罐腹部與口沿，僅泥質鉢殘片內壁有彩繪。花紋剝落甚劇。細查能見三角、寬帶、菱形紋。值得重視者在於，此等彩陶在彩繪「花紋間」再用尖狀器刻畫直線紋。如此刻畫與彩繪結合之狀寡見〔註41〕。

2. 臨潼姜寨遺存掘理與器殘紋識見

1）第一期器狀與器紋識見

（1）掘理者彩繪識見括要

1972 年 4 月迄 1979 年 11 月，西安半坡博物館姜寨遺址考古隊發掘了臨潼姜寨遺址。姜寨遺址第一期地層起出瓦器有鉢、碗、盆、瓶、壺、器座等，

〔註40〕中國社會科學院考古研究所：《一九七七年寶雞北首嶺遺址發掘報告》，《考古》1979 年第 2 期。

〔註41〕河北省文物管理處：《河北遷安安新莊新石器遺址調查和試掘》，《考古學集刊》第 4 集，中國社會科學出版社，1984 年，第 103 頁。

質地乃細泥，色紅。瓦器彩繪不少。缽、碗等口沿下有一條紅色或橘黃色寬帶。俗名紅頂缽、紅頂碗。

發掘者述姜寨第一期彩繪曰：彩陶上彩繪多飾於細泥紅盆或缽外壁，罕見飾於內壁。盆沿上也見彩繪。多數彩陶殘破。彩陶俱係在原地上施彩，絕大多數是黑彩，僅兩件殘片是紫紅彩。花紋以幾何圖案為主，並有人物、動物圖案。花紋以幾何形圖案為主，並有人物、動物圖案。人物與動物圖案別魚紋、人面紋、魚蛙紋、魚紋並幾何形紋。幾何紋圖案別三角形圖案及各種線條組成之幾何圖案。

（2）缽狀與紋樣

直口缽，器樣 T276M117：2，深腹、凹底，口沿下飾一道紅色寬帶。紅帶上飾一道豎刮痕，圖五一，1。直口缽，器樣 T143F42：4（2），深腹、圓底，高程 13.8、口徑程 30cm。素面抹光，口沿下飾一條紅帶，圖五二，2。直口缽，器樣 T73F23：1，淺腹、圓底。細泥紅色，口沿上飾一周寬帶黑彩。口徑程 37.8、高程 15cm。黑寬帶上有一豎向「刻符」，圖五二，3。

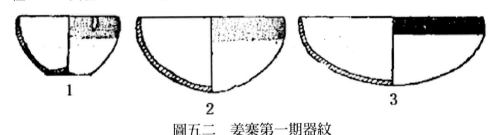

圖五二　姜寨第一期器紋

（3）盆內壁似人面紋樣

此遺址第一期地層起出瓦盆 38 件，皆泥質，乃至細泥質，色紅。盆腹多深，凹底徑程較小。近三分之一盆口沿上施黑彩，器內壁施黑彩者寡。器別深腹、淺腹兩等。

盆，方唇、敞口、腹較深而微圓鼓、凹底，底部有一周凸棱，沿面上多飾幾何形黑彩。器樣 T254W162：1，口徑程 35.2、底徑程 13.6、高程 16cm。內壁彩繪對稱人面紋及兩條魚紋，人相瞇眼，魚游水狀，形象異常生動，圖五三，1。

盆，器樣 T254W156：1，口徑程 42.4、底徑程 12.8、高程 17.6cm。內壁彩繪兩個對稱人面紋，一條小魚。若人觀魚，圖五三，2。

盆狀似前，器樣 T155W116：1，方唇、口微敞，腹略鼓較深，凹底。沿

面外斜，其上飾幾何形黑彩。口徑程35.2、底徑程10.4、高程17.6cm，圖五三，3。

　　盆狀似前，器樣T276W221：1，口徑程32.8、底徑程12、高程32.8cm，圖五三，4。

　　窄平沿、深腹、平底，器樣T276M117：4，腹壁微弧，底微凹，底部有一周凸棱。沿面微外斜，其上飾幾何形黑彩。口徑程30.4、底徑程12、高程16.8cm，圖五三，5。

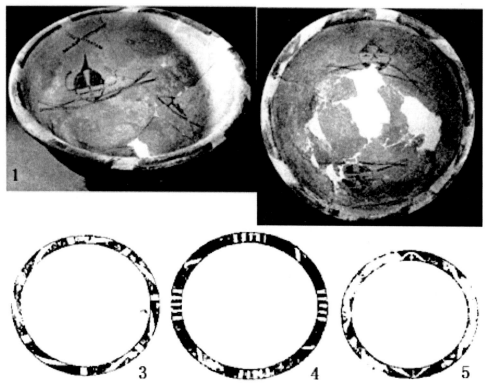

圖五三　姜寨第一期盆紋之一

（4）盆內壁蛙紋等

　　深腹盆，器樣T52W50：1，圓唇微卷沿、敞口、深腹、平底、凹底。沿面近平，飾幾何形黑彩。口徑程32、底徑程12.8、高程14.4cm，圖五四，1。

　　器樣T276M159：2，卷沿、敞口、腹微鼓、凹底，底部有一周凸棱。沿面多飾幾何形黑彩。口徑程27.2、底徑程11.2、高程12.8cm。內壁繪五條小魚，作游水狀，形象生動，體現了原始畫家高超技術，圖五四，2。

　　器樣T58F17：1，口徑程22.4、底徑程12、高程12.4cm。內壁及底飾紫

色彩繪漁網六組。這反映當時人們已採用漁網捕魚，圖五四，3。

　　器樣 T155W115：1，方唇微卷沿、敞口、深腹、平底微凹。沿面外斜，飾幾何形黑彩。口徑程 36、底徑程 16、高程 16cm，圖五四，4。

　　器樣 T154W122：1，似前狀，沿外飾弦紋一周，底近平，飾席紋。口徑程 35.2、底徑程 12.8、高程 14.4cm，圖五四，5。

　　器樣 T16W63：1，平沿、直口、腹微鼓較深、平底。沿面飾不同幾何圖案。內壁彩繪對稱青蛙兩隻、魚四條，皆作游水狀，生動逼真。口徑程 30.4、底徑程 15.2、高程 12.8cm，圖五四，6。

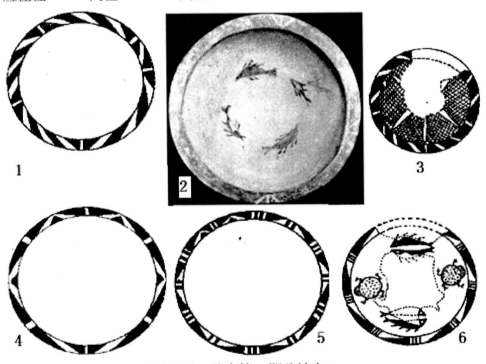

圖五四　姜寨第一期盆紋之二

2）第二期器類與器紋識見

（1）尖底與細頸器紋識見

　　發掘者述姜寨第二期「彩陶」曰：彩繪紋飾多動物圖案，次則幾何圖案，之物紋圖案較少。彩繪器以大口尖底器、葫蘆瓶、細頸壺、缽、盆、盂較多。從殘片可看出尚有罐類器。每種器物著彩部位有規律與格式。

　　尖底罐，器樣 T283W277：1，下部殘，高程不詳。口徑程 52、腹徑程 55cm。外壁附加凸飾，下至中腹施黑彩，由弧線、勾葉、圓點、橢圓、豎線、

橫線等組成連續圖案，相當複雜，圖五五，1。

細頸壺之一，器樣 ZHT28M312：1，口似花苞、平唇、細頸、長腹、中腹鼓、平底。唇面繪三角、直線組合圖案，腹部由圓、橢圓、月牙、波浪、三角、直線組成彩繪圖案。形似上下兩個豬面，很可能是一種面具形象，圖五五，2。

細頸壺之二，器樣 ZHT8M128：1，口部飾八道輻射紋，頸以下飾黑彩，肩至中腹折線飾三組三角、橢圓、圓點組成之連續圖案、黑彩，圖五五，3。

尖底罐，侈口、細頸、鼓腹、尖底。器樣 ZHT5M76：8，頸以下腹壁斜直，漸次增大，腹最大徑程近底部，收成銳底，圖五五，4。

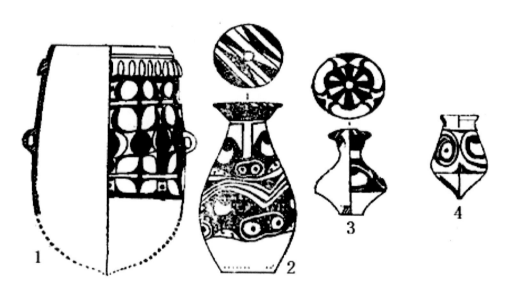

圖五五　姜寨第二期器紋之一

（2）葫蘆形瓶等器紋識見

葫蘆形瓶，起出 114 件，施彩者寡。圖五六，1，器樣 ZHT5M76：10，口微斂，口頸分界不明顯，鼓腹、雙耳，腹最大徑程近底部，口、腹部全飾黑彩，腹周飾黑彩變形人面四組。每組繪一圓形人面，眼、眉、鼻、嘴俱全。腹徑程 9.5、底徑程 6、高程 21.5cm，圖五六，2，器樣 ZHT12M238：4，上口至腹部全飾黑彩，下腹繪黑彩變體魚紋。腹徑程 14、底徑程 9.5、高程 29.5cm。圖五六，3，器樣 ZHT14⑤：15，短直口、束頸，勁腹分界明顯，鼓腹，最大徑偏下。口至腹部全飾黑彩，下腹繪兩組黑彩變體魚紋。腹徑程 14、底徑程

7、高程 46cm。圖五六，4，器樣 ZHT25⑤：4，下腹繪黑彩變體魚紋。腹徑程 15、底徑程 8、高程 25cm。圖五六，5，器樣 ZHT14H467：1，泥質紅色。小口微鼓、鼓腹、最大徑程在腹中部，附雙耳，耳有穿。口部繪黑彩，腹部一面與另一面繪鳥紋兩組，側面繪魚紋與幾何形圖案各一組，皆黑彩。腹徑程 14.5、底徑程 6.5、高程 29cm。圖五六，6，深腹盆。器樣 ZTH11M244：4。直口、圓唇、深鼓腹、平底。內壁光滑，外壁粗糙。唇面飾三角，豎線黑彩。口徑程 35.2、高程 14.4cm，僅撮錄口沿彩繪。

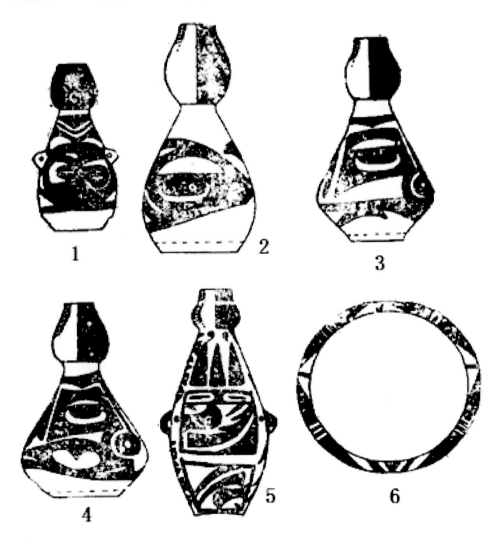

圖五六　姜寨第二期器紋之二

（3）掘理者括略姜寨第二期器紋

發掘者別圖案為二等：其一，動植物圖案。其二，幾何形圖案花紋。描繪動物形象的紋樣有人面紋、魚紋、鳥紋、豬形紋等。其中魚紋最多。植物紋有花瓣紋與樹葉紋。

動植物紋下，人面紋第一，2件。其一，器樣ZHT37H493：32，尖底器殘片，人面紋飾繪於口沿突飾之下。人面圓形，有三角髮髻，用兩個黑三角作眉，以一橫黑道表示眼，作瞇眼狀，鼻作倒「T」字形，耳兩側向外平伸後向上彎曲，曲端各連一條小魚，嘴周邊塗黑。另外，下頜兩側各有一條變體魚紋，圖五七，1。其二，器樣T252F84：14，為盆殘片，圖案繪於內壁。人面形象略同於前者，圖五七，2。

魚紋第二，器有此紋飾者件數最多。魚紋皆以黑彩繪於葫蘆瓶上，此外有飾於尖底器及缽、盆外壁者。器樣ZHT12M238：4同樣逼真，圖五七，3。器樣ZHT8⑤：2，繪魚紋逼真，圖五七，4。

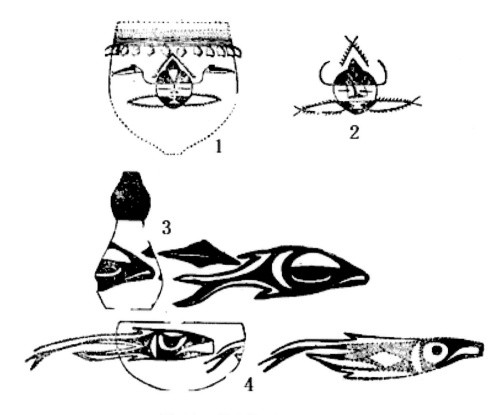

圖五七　姜寨第二期器紋之三

　　變形魚紋已十分「抽象化」，甚至很難一下子辨別出來，幾近圖案化，譬如器樣 ZHT8M168：3，泥質紅色。微斂口、束頸、鼓腹、平底。口頸分界不明顯，腹最大徑程近底部。口腹盡飾黑彩，腹部繪兩組黑彩變體魚紋圖案。腹徑 16.5、底徑 12.5、高程 32cm，圖五八，1。器樣 ZHT11⑤：60，圖五八，2。器樣 ZHT14⑤：15，圖五八，3。器樣 ZHT25⑤：4，圖五八，4。器樣 ZHTM306：5，圖五八，5。

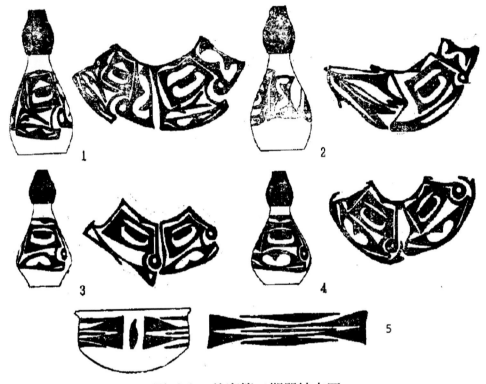

圖五八　姜寨第二期器紋之四

　　鳥魚紋第三，其數少於魚紋。多繪於葫蘆瓶於尖底罐腹部。鳥、魚形象已是抽象化與圖案化，譬如，器樣 ZHT14H467：1、器樣 ZHT5M76：10、器樣 ZHT5M76：8。

　　變形豬紋第四，器樣 ZHT28M312：1，以黑彩繪於細頸壺上。此等紋樣在此期僅有一件。變體豬紋以連續圖案形式出現，但豬的五官中突出鼻部，給人們以一種新鮮的感覺，不因豬的相貌不佳，使人厭煩，反覺其十分可親。

　　花瓣紋第五，器樣 T283W277：1，圖五五，1，以四個花瓣為一單元，連

續組成圖案，紅底黑彩，十分絢麗，繪於大口帶突飾之尖底器上。

樹葉紋第六，器樣 ZHT42④：6，以四組黑彩柳葉紋飾施於殘器蓋面上，圖五九，1。

幾何形圖案花紋下別三角形、橫豎直線、斜線、弧線、圓點、半圓、圓、波折線等組成。其下別寬帶紋、三角紋、豎條紋、版原文、網紋、波折紋或三角組成之紋飾、弧線圓點、三角組成的連續圖案、直線三角紋。

橘黃底黑彩。上述幾何形圖案花紋有飾於器腹，也有施於器唇面者，譬如，器樣 T235H279：1，圖五九，2〔註42〕。

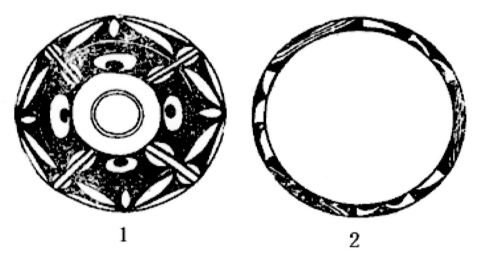

1　　　　　　　　**2**

圖五九　姜寨第二期器紋之五

姜寨遺存第三期以降瓦器紋樣不多，不再拓錄檢讀。

（五）八十年代掘理者器殘紋識見

1. 渭河黃河流域遺址掘理者器紋識見

1）華縣梓里與狄宛遺址器紋識見

（1）梓里村遺址器紋識見

西北大學考古學戴彤心、張洲先生指導 1977 級學生於 1980 年末在陝西華縣杏林鎮梓里村發掘梓里遺址。他們在龍山文化地層之下發掘了仰韶文化遺跡，起出有彩瓦（殘）器。此時期 M16 納瓦缽四件，外壁口沿下俱有寬黑帶。他們在 I 發掘區龍山時期曆闕 H5 等起出填土含瓦片。能識見瓦片係夾砂

〔註42〕半坡博物館等：《姜寨——新石器時代遺址發掘報告》，文物出版社，1988 年，第 105 頁～第 261 頁。

與泥質陶，屬合料係細砂。瓦器色為紅褐、灰褐與灰黑。極少見口沿有紅褐色帶。燒結溫度不高。殘片來自筒形三足罐、三足缽等。發掘者由此推斷，遺址附近可能有前仰韶時期遺存〔註43〕。

（2）狄宛遺址器紋識見

在狄宛遺址（秦安大地灣遺址），掘理者於1978年、1979年起出器物有敞口圓底缽。口沿外有較窄或較寬光面。在寬光面上施一道紅色寬帶紋。三足圓底缽口沿外或有一圈較寬內凹光面，上施紅色寬帶紋，或口沿外有一圈紅色寬帶紋，口沿內有一圈紅色線紋。某種圓底碗口微敞，淺腹，口沿外有一圈較寬光面。

「大地灣遺址二期文化遺存」「出土的陶器有圓卷唇圓底魚紋彩陶盆、正倒相間三角紋細頸彩陶壺」。「紅色寬帶紋碗和」「黑色寬帶紋圓底缽」「與一期的」「紅色寬帶紋圓底缽在器形和紋飾上存在著一定的聯繫〔註44〕」。

2）鄭州青臺巫山大溪與晉南及商縣紫荊遺存器殘紋識見

（1）鄭州青臺遺址器紋識見

1981年4月迄6月，鄭州市博物館發掘了青臺遺址。第一期彩陶彩陶多紅衣褐彩或紅衣黑彩，白衣彩陶少見。器形有鼎、罐、尖底瓶、盆、缽、碗等。第二期彩陶多先施白色陶衣，然後繪製棕色、黑色、紅色彩色圖案，多用雙彩，以黑、紅彩為主。主要繪於罐的肩部，缽和碗的上腹部。圖案有紅色帶狀紋、弧線三角紋。圓點紋、斜線紋、睫毛紋、花瓣紋、樹葉紋等。第三期彩陶圖案有鋸齒紋、網紋、多足蟲紋、睫毛紋、花瓣紋、太陽紋、彎月紋、菱形紋、樹葉紋、變形魚紋以及X紋和倒S紋等〔註45〕。

（2）巫山大溪遺存第三次掘理與器紋識見

1975年，四川省博物館等第三次發掘巫山大溪遺址。發掘者述，此遺址彩陶不多，見者多係紅衣黑彩。器面繪繩索紋、橫人字紋、直線、弧線、草葉紋，三角紋、網紋等。彩陶瓶三件，圖六〇：1，器樣M115：2、圖六〇，2，

〔註43〕西北大學考古學專業77級華縣梓里實習隊：《陝西華縣梓里遺址發掘紀要》，《文物》2010年第10期。

〔註44〕甘肅省博物館、秦安縣文化館、大地灣發掘小組：《甘肅秦安大地灣新石器時代早期遺存》，《文物》1981年第4期。

〔註45〕鄭州市文物工作隊：《青臺仰韶文化遺址1981年上半年發掘簡報》，《中原文物》1987年第1期。

器樣 M166：2、圖六〇，3，器樣 M114：1〔註46〕。壺二件，面有彩繪，類瓶面圖樣，不拓錄。

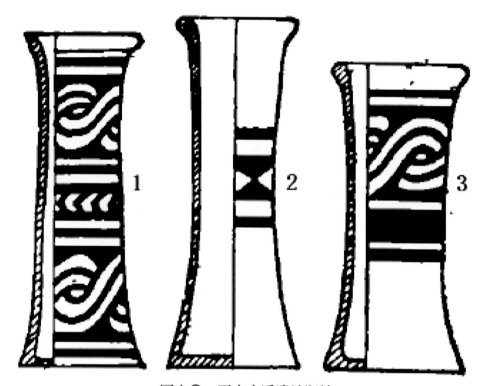

圖六〇　巫山大溪遺址瓶紋

（3）晉南諸遺存器紋識見

自 1973 年到 1982 年，發掘者在晉南探掘了不少遺址，譬如芮城縣東莊村、西王村遺址、聞喜縣南姚村遺址。起出遺物若干。殘片彩陶花紋僅見黑彩。黑彩多繪於器物外表，僅一件繪於器內表。彩陶紋飾簡單，有近直角三角形紋、圓點紋、寬帶紋與魚形紋等。殘片來自缽、碗、深腹盆、杯、尖底瓶、壺、罐、器座等。

殘紋器樣次第：JS18：2，圖六一，1、HB5：4，圖六一，2、HB25：5，圖六一，3、HB25：9，圖六一，4、HC1：1，圖六一，5、HB25：7，圖六一，6、HB2：01 捏塑鳥頭形紋，圖六一，7。HB24：12，圖六一，8、HB24：13，圖六一，9、HB5：3，圖六一，10、HB25：10，圖六一，11、HB25：5，圖六一，12、SH1：1，圖六一，13。

〔註46〕范桂傑、胡昌鈺：《巫山大溪遺址第三次發掘》，《考古學報》1981 年第 4 期。

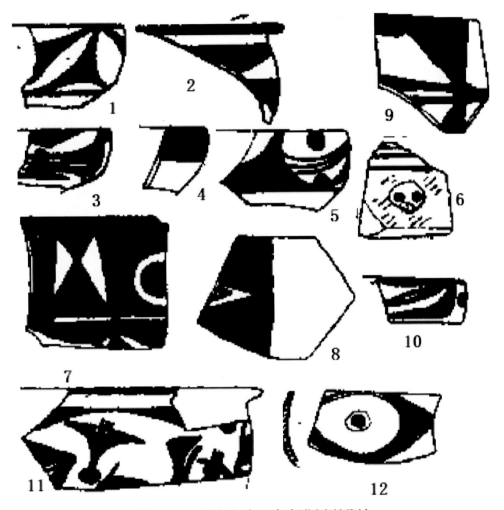

圖六一　晉南半坡及廟底溝類型殘紋

　　諸殘片彩陶被歸入仰韶文化半坡類型。在新絳縣泉掌鎮遺址，及永濟縣東鋪頭山遺址、襄汾縣趙康鎮遺址，發掘者起出瓦器殘片彩繪。花紋以黑彩為主，單一紅彩、白底黑彩與黑彩鑲白邊者很少。彩紋多飾於器腹部，以及盆、缽沿或唇上。僅見一例飾於缽內。圖案似甚複雜，多由弧線三角紋、網紋、圓點紋、平行條紋與動物形紋等組成。前諸彩繪被歸入廟底溝類型。

　　另有缽殘片彩繪：斂口、腹上部呈弧形，下腹曲收，平底。器樣 HB25：14，圖六二，1，腹部飾以黑彩。器樣 JS46：2，圖六二，2，腹上部飾以黑彩。

　　也見深腹盆殘片彩繪：斂口、深腹、器表磨光，皆泥質紅陶。器樣 HB25：19，圖六二，3，侈沿、鼓腹、唇與腹飾以黑彩。器樣 SW28：3，圖六二，4，

沿外折而近卷，下腹外鼓，唇、腹飾以黑彩。器樣 HB25：21，圖六二，5，
沿斜折、鼓腹，唇腹飾以黑彩。器樣 HB25：22，圖六二，6，款沿外折、鼓
腹、唇及腹飾以黑彩。淺腹盆殘片彩繪：器樣 SW28：4，圖六二，7，斂口、
圓卷唇、腹微鼓，唇上飾黑彩一周。鼓腹罐殘片彩繪：器樣 HB25：40，圖六
二，8，侈沿、斜方唇、腹飾黑彩。器樣 HB25：41，圖六二，9，寬沿外翻、
圓唇，頸以下飾黑彩。器樣 HB25：34，圖六二，10，尖圓唇、無沿、鼓腹。
飾黑彩〔註47〕。

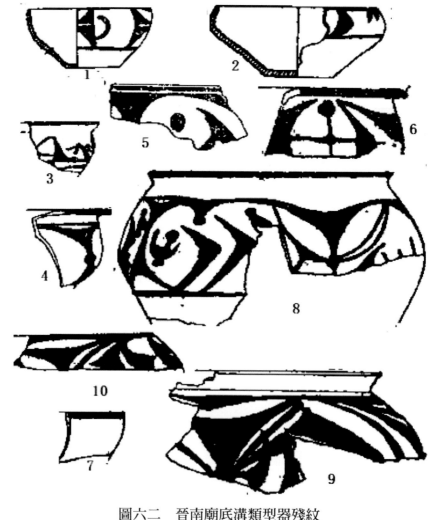

圖六二　晉南廟底溝類型器殘紋

〔註47〕中國社會科學院考古研究所山西工作隊：《晉南考古調查報告》，《考古學集
刊》第 6 集，中國社會科學出版社，1989 年，第 5 頁～第 10 頁。

（4）紫荊遺址器紋識見

西北大學歷史系考古專業師生於 1982 年 4 月～7 月在陝西省商縣城東南紫荊村發掘新石器時代遺址。此處文化層深厚，其第一期地層含遺物似臨潼白家村遺址早期地層內容。彩陶紋樣僅見器物口沿或肩部施以赭紅色或紫紅色寬帶一種。此即某小口鼓腹罐殘部。器樣 H34：3，此器殘存口部及肩腹，泥質，內外紅皮而灰胎，口小，腹圓鼓。肩部施寬約 9cm 紫紅色寬帶〔註48〕。

2. 臨潼白家村與南鄭龍崗寺遺存器殘紋識見

1）白家村遺存器紋識見

（1）早期器紋識見

1982 年 10 月迄 1984 年 5 月，社科院考古所第六分隊在陝西臨潼白家村遺址完成發掘。依發掘地層狀況，發掘者依遺址文化內涵認定此遺址係前仰韶時期遺址。發掘者述白家村遺址彩陶曰：白家村遺址紅褐陶即彩陶。彩繪顏色俱係棕紅色，色度深於瓦器紅褐色。棕紅彩繪、紅褐陶色界限分明，色調美觀。

發掘者在早期地層起出瓦器或殘部，復原 58 件。器質與色屬兩等，夾砂紅褐、夾砂灰褐瓦器。夾砂紅褐瓦器多於夾砂灰褐瓦器。前者外表口沿有一周寬約 2.5～4cm 光面，光面上飾紅寬帶紋。口沿內表面有一周 0.5cm 寬窄帶紋。一些夾砂灰褐陶口沿外表面有一周寬約 1～2cm 光面，口唇上多見鋸齒狀「花邊」，器皆圓底。

圓底缽，紅褐色，直口深腹半圓狀。此狀多見。其一，器樣 T102H17：1。口徑程 32、高程 13.6cm，圖六三，1。其二，直口內斂有回折，外表能見折棱。繩紋散亂，器樣 T309③：1；狀似前器，口徑程 40、高程約 20cm，圖六三，2。侈口外翻、淺腹尖圓底。器樣 T102③：1，口徑程 32.4、高程 12.4cm，圖六三，3。

圓底缽，直口半圓形，口沿外光面窄。面有交錯繩紋。其一，口唇有鋸齒狀「花邊」。口沿外光面寬約 3cm，飾整齊的粗交錯繩紋。器樣 T116H4：1，口徑程 26.7、高程 10.4cm，圖六三，4。其二，狀似前物，器樣 T120③：1，口徑程 25.2、高程約 10cm，圖六三，5。其三，器樣 T113③：2，口徑程較大、直口外撇，尖圓底、剖面呈弓形。面有中等粗交錯繩紋。口沿外光面

〔註48〕王世和、張宏彥：《1982 年商縣紫荊新石器時代遺址的發掘》，《文博》1987 年第 3 期。

窄，直口外撇。寬約 2～2.5cm。口唇上有鋸齒抹跡。腹淺，似淺盤狀。口徑程 28.4、高程 9.6cm，圖六三，6。

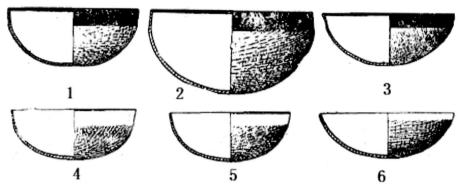

圖六三　臨潼白家村早期圓底器紋

三足缽，夾砂紅褐陶，三足缽，夾砂紅褐陶，口徑程稍大。口沿有一周飾紅彩光面。三足也抹光塗紅彩。也見器表面繩紋染紅彩。

器樣 T315③：7，口較直、腹部微圓、底平圓，三足矮小。有足尖殘斷後修繕截齊，器續用。口徑程 33、通高程 15.6cm，圖六四，1。器樣 T310③：8，足稍高，通體飾紅色。口徑程 33、足高程 15.6cm，圖六四，2。圓柱形直足，器樣 T328③：10，口徑程 32、通高程 14.8cm，圖六四，3。器樣 T116③：13，體小，足圓柱狀而稍高，口徑程 26、高程 13.3cm，圖六四，4。

圈足碗，器樣 T102H18：3，紅褐色，底有灰斑塊。圈足殘失，器底存黏跡並殘存紅彩。口沿較直，微斂，深腹有弧狀。口沿外一周抹光後施紅彩。腹部飾細交錯繩紋。口徑程 31.1、殘高程 14.8cm，圖六四，5。

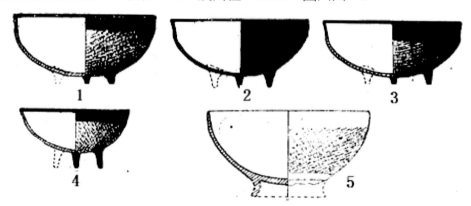

圖六四　臨潼白家村早期彩三足與圈足器紋

（2）晚期器紋識見

白家村遺址晚期瓦器仍以圜底缽為首，也出現平底缽、平底罐。紅褐瓦缽內表面有紅彩花紋。直侈口外翻、淺腹尖圜底缽，內表面頻見紅彩花紋。器樣 T305：1，口徑程 31.2、高程 12cm，外飾中等粗繩紋，圖六五，1。

器樣 T116②：6，係圈足碗，紅褐瓦，敞口深腹，口沿外一周抹光而加紅彩，口沿內一周由紅色窄條。碗底外壁附筒狀圈足，足外抹光後也施紅彩。口徑程 30（？）、通高 13cm、足高 1.5cm〔註49〕，圖六五，2。

穿孔瓦片之一，紅三足缽片，器樣 T113③：1。在口沿紅寬帶上有二孔。二孔上下排列。單面管鑽而得。孔徑程約 0.5、二孔相距約 1.3cm，圖六五，3。

穿孔瓦片之二，紅圜底缽片，器樣 T106②：4。在口沿紅寬帶紋上有一孔，出自單面鑽。孔徑程約 0.9cm，圖六五，4。

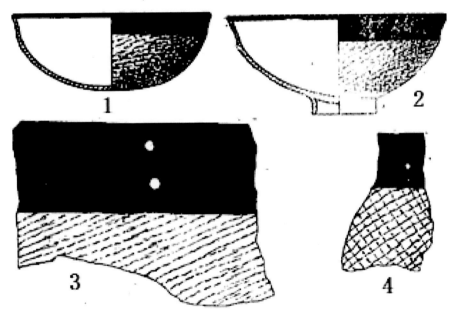

圖六五　臨潼白家村晚期器與殘片紋

除上述「彩繪裝飾外」，白家村遺址瓦器有內彩。形狀清楚者顯係一種裝飾紋飾，或者有某種特定意義的記號。也見一團紅色斑跡，很難講是一種什

〔註49〕原文：「口徑 3、足高 1.5、通高 13cm」，依高程推測，此口徑程數之個位少 0 字。中國社會科學院考古研究所：《臨潼白家村》，巴蜀書社，1994 年，第 71 頁。

麼花紋。可確定花紋者總計 20 件。復原者 7 件。殘片 13 件。內彩花紋有「一定的形狀，還有一定的布局」。能見相同紋樣對稱分布於器內表，也見數種不同紋樣對稱分布於器內表。個別彩斑痕也對稱分布於器內表面。

發掘者別圓點紋、直線紋、弧線紋、波折線紋、對稱直線紋、平行豎直線紋、平行折線紋、圓圈紋、山字紋、S 形紋、梳形紋、六角星紋、M、F。E 形組合花紋等。

圓點紋：器樣 T328②：1，圜底缽，有四個直徑程約 1cm 圓點成四方對稱布列於內表，圖六六，1。圓圈紋：器樣 T330③：2，圜底缽，內表面僅存一殘圓圈，直徑程約 4cm，似為三個或四個圓圈對稱布列形式，圖六六，2。橫直線紋：器樣 T105②：4，圜底缽，內表面存兩道橫直線，從其位置排列看，似為三道橫直線的對稱分列式，圖六六，3。

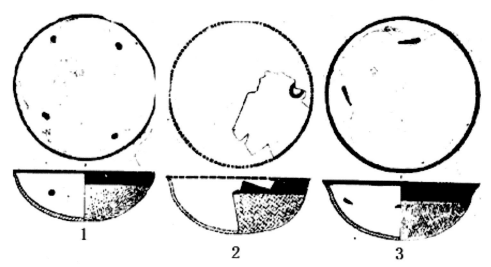

圖六六　臨潼白家村晚期器紋之一

「波折線紋」：器樣 T306②：3，圜底缽復原器，內表面有三道橫波折線紋，成三方對稱排列。口徑程 36、高程 14.1cm，內表面有三條對稱波折線紅彩紋一道波折線完整，長約 14cm，二道殘斷，圖六七，1。

「S 形紋」：器樣 T302②：2，圜底缽，內表面僅剩一橫 S 形花紋，似為幾個相同花紋對稱性排列的形式，圖六七，2。

另見內表面有三團對稱紅彩：器樣 T329②：1，發掘者述，圜底。口徑程 34.4、高程 12cm，圖六七，3。

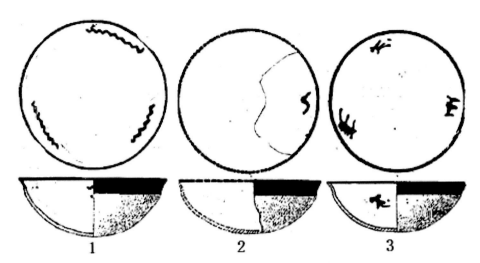

圖六七　臨潼白家村晚期器紋之二

梳形紋：器樣 T102②：3，圜底缽，內表面殘存兩組 E 字形梳形紋，一組為單獨一個花紋，另組為上下相反兩個花紋。每個花紋由五道平行橫線與一條豎線組成 E 字梳形。從其排列位置看，似為四組花紋對稱排列式。內表面有對稱梳形紋，口徑程 32、高程 12cm，圖六八，1。

M、F、E 形組合花紋：器樣 II 彩：1，圜底缽，內壁有三個不同形式花紋成三方對稱分布，一個像英文字母 M，另一個像橫倒的 F，還有一個近似 E，只是下邊一筆向左寫，圖六八，2。六角星紋：殘片，器樣 T116H4：3，為一六角星形花紋，形狀不規整，圖六八，3。

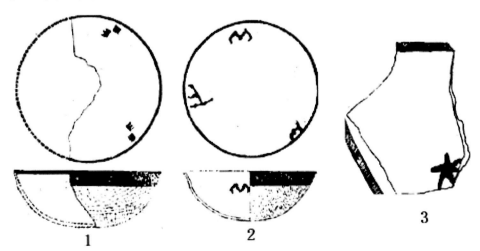

圖六八　臨潼白家村晚期器與殘片紋之三

2）龍崗寺遺存器紋識見

（1）半坡期器殘紋識見

1983 年秋迄 1984 年底，龍崗寺遺址被發掘。此遺址含某種曾被命曰「老官臺李家村類型」葬闕，屬陝西境內前仰韶時期遺跡。此等葬闕位於發掘區東北部 T38、T39 內，揭露葬闕七座：M406、M407、M311、M414、M415、M423。其餘葬闕 423 座皆入半坡類型。早期葬闕納物頗似狄宛第一期葬闕納物，圜底缽、三足卵狀器、筒狀器俱多見。起出某種三足罐 4 件外表面呈紅褐色。發掘者未述何器外表面著色，故不攝錄。

發掘者也起出半坡類型「日用」器殘片與瓦器。彩繪盡係黑彩，紋樣有人面紋、獸面紋、魚紋、網狀紋、寬帶紋、波折紋、平行條紋、三角紋等，圖六九，第 1～第 14 器樣依次：1.器樣 T16③：2；2.器樣 T15③：7、3.器樣 H101：1、4.器樣 H153：4、5.器樣 T15③：6、6.器樣 H13：13、7.器樣 H153：3、8.器樣採：88、9.器樣 T25③：2、10.器樣 T6③：2、11.器樣 T21②：1、12.器樣 H163：2、13.器樣 T39③：3、14.器樣 H153：2。

圖六九　龍崗寺半坡類型殘紋之一

　　發掘者述探方與曆闕起出瓦器彩繪云：盆，器樣 H55：7，敞口、深腹、平底，寬沿微下卷。沿面上飾黑彩三角紋，其餘面光素。口徑程 39.2、腹深13.2、底徑程 14.2、高程 14.8cm，圖七〇，1。

　　大頭壺，器樣 T15③：3，大頭、小口、細頸、廣肩、折腹，平底微內凹。通體抹光後施黑彩，頂飾直線、三角與穗狀紋飾，肩部飾一周斜線三角紋。口徑程 1.6、底徑程 7.6、高程 18.6cm，圖七〇，2。

　　小頭壺，器樣 T25③：1，頭部入折腹的算盤珠狀，但內壁曲折，細頸，腹與頸相接處有棱脊，折腹、小平底。上腹飾黑彩波折紋。口徑程 1.6、頂部直徑程 3.4、腹徑 8.5、高程 12.6cm，圖七〇，3。

　　發掘者述非葬闕起出瓦器彩繪云：缽，器樣 T11③：6，細泥紅色，可復原。口沿外飾黑彩寬帶紋一周，器身下部畫黑彩符號。口徑程 12.6cm，圖七〇，4。

　　尖底罐，復原器。器樣 H163：1，斂口、束頸、深腹外鼓、尖底。器體較大。腹外表面中部以上飾黑彩波折紋，下腹有四個「IIII」形符號。口徑程 24、腹徑程 34.4、高程 54.4cm，圖七〇，5。

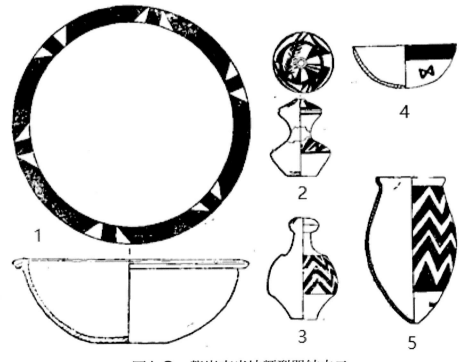

圖七〇　龍崗寺半坡類型器紋之二

　　尖底罐，器樣 H23：1，細泥紅色。斂口、深弧腹、尖底，但底削平。器身高大。內壁光整。器表面抹光後施黑彩彩繪。口眼下畫三條並行線，再下繪六個大小相等並列的圓形人面，人面直徑 10.4cm。面部情態有兩種：第一種人面似閉幕沉思狀，眼鼻用短直線表示，口呈方形，其構圖是將圓的 1/3 上部全塗黑，再將圓的 1/3 下部塗黑後又空出方形嘴，然後在圓的 1/3 中部空白處畫出鼻、眼；第二種人面情態作雙目圓睜狀，鼻子稍呈倒三角尖形，嘴為扁圓形，構圖方法與第一種人面近似。這兩種人面分別作橫向相間排列。間距均勻，人面之間填充上、下頂角相對的三角紋。在上述六個人面的下部又畫三條並行線。線紋下又畫出六個並列的人面紋，其表情與上部兩種人面相同。人面間也填充對頂三角紋。兩層總計 12 個人面。上部第一種人面與下部第二種人面上下垂直相對，上部第二種人面與下部第一種人面上下垂直相對。在下層人面之下畫一周橫線，橫線下並畫五個橫向排列的花瓣狀圖形。輒見尖底罐表面畫面構圖對稱和諧，人面形象對比強烈。是一件精湛的原始繪畫作品。顯示了先民初步發展的圖案知識以及藝術創作才能。器口徑程 18.4、底徑程 4.4、高 48.4cm，圖七一。

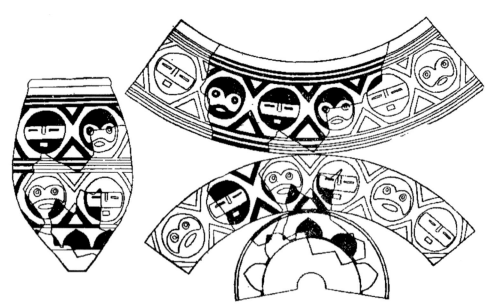

圖七一　龍崗寺半坡類型尖底罐 H23：1 紋之三

　　龍崗寺葬闕起出瓦器：鉢、碗、盆、判、杯等。器色呈紅，呈灰色者寡。一些鉢口沿外表面飾黑彩寬帶紋。

　　鉢，器樣 M324：4，細泥紅色，口外飾黑彩寬帶紋，內壁繪三個基本對稱的黑彩三角形網紋。口徑程 15.6、高程 6.7cm，圖七二，1。

　　鉢，器樣 M228：1，細泥紅色，口外飾黑彩斜線三角紋。口徑程 15.2、高程 10cm，圖七二，2。碗，器樣 M75：8，細泥紅色，小平底。口外飾黑彩斜線三角紋，彩繪下有一道弦紋。口徑程 12.4、底徑程 4.6、高程 7.3cm，圖七二，3。鉢，M424：12，細泥紅色，口外飾黑彩寬帶紋，底部劃有圓圈。口徑程 13.2、高程 6.2cm，圖七二，4。

　　鉢，器樣 M424：10，細泥紅色，圜底趨平。口外飾黑彩寬帶紋，器底劃圓圈，底面粗糙。口徑程 12、高程 5cm，圖七二，5。鉢，器樣 M109：11，細泥紅色。口較大、底微內凹，唇沿塗黑彩，口外飾黑彩三角紋，圖七二，6。

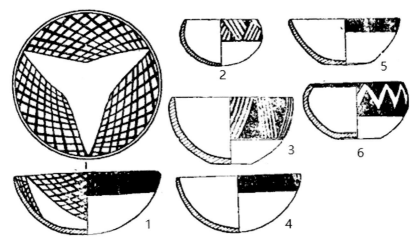

圖七二　龍崗寺半坡類型器紋之四

　　深腹盆，器樣 W7：1，器較大，直口、平沿、尖唇、深弧腹、圜底近平。表面光素，口沿面上有黑彩。其三角空白將口沿三豐分，方格空白再將口沿三豐分，整個口沿黑彩 6 等分，圖七三，1；

　　盆，器樣 M97：5，侈口、窄沿上斜，上腹略斜直至近底部時收成圜底。口沿外側繪寬帶紋黑彩，腹部飾兩道間斷狀黑彩條紋。口徑程 12、腹深程 6.8、高程 7.6cm，圖七三，2；

　　盆，器樣 M178：2，細泥紅色，侈口、斜寬沿、尖圓唇、鼓腹、圜底。口沿外側塗一條黑彩寬帶，腹部用黑彩繪魚紋兩條，魚紋首尾相接，寫實性很強。口徑程 14.8、腹深程 7、高程 7.6cm，圖七三，3。

　　盆，器樣 M265：1，直口微斂、圓厚唇、斜直深腹，下腹折收成小圜底。口沿下有四個兩輛相對稱的小穿孔。腹部用黑彩繪四個基本對稱的長方形框，框內繪五條平行條紋。口徑程 10、腹深程 7.4、高程 8cm，圖七三，4。

　　小頭壺，器樣 M215：5，壺頭似算盤珠，細頸、腹、頸界線不明，下腹弧收，小平底。上腹飾細線波折紋。口徑程 1.2、頂直徑程 3.6、腹徑程 6.4、底徑程 2.4、高程 9.8cm，圖七三，5。

　　盆，器樣 M395：1，敞口、寬折沿、厚圓唇、淺腹、弧腹、平底內凹。口沿繪黑彩，器內壁用黑彩繪六個基本對稱的三角形網紋。口徑程 22.4、腹深程 6.8、底徑程 7.2、高程 8.2cm，圖七三，6。

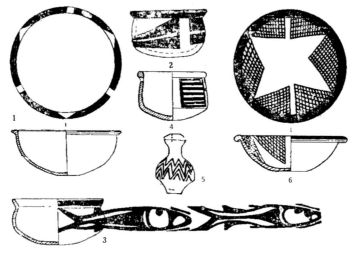

圖七三　龍崗寺半坡類型器紋之五

　　器樣 W9：2，細泥紅色。器形大、微斂口、寬平沿、厚圓唇、淺腹、圓底。表裏抹光。唇沿繪黑彩，黑彩將唇沿 18 等分，每等分內都有益處不著彩的空白，不著彩的空白每每相對，構成九組對稱圖案。口徑程 43.2、腹深程 12.6、高程 13.6cm，圖七四，1。

　　大頭壺，器樣 M262：1，傘蓋狀大頭、小口、細頸、廣肩近平、缽形腹、平底。口徑程 2.4、腹徑程 17.6、底徑程 8、高程 20cm。通體抹光後施黑彩。壺頂面中部繪六道並行線，外側兩道條紋中部各繪一個小三角紋。頂面以下至頸以上，全繪黑色。頸部繪一周細條紋。肩部以器地色，以黑彩繪兩個對稱的獸面紋。獸面呈扁圓形，兩隻對稱的小圓眼，「兩眼之間黑彩空白處為一長鼻，無嘴。兩個獸面之間附以基本對稱的弧線紋」。上腹繪一條黑彩帶紋，

圖七四，2。

　　大頭壺，器樣 M315：2，器狀、彩繪圖案似器 M262：1，但器身瘦高、細頸、下腹弧收小平底。壺頂有二道平行條紋，條紋的兩側各繪一對稱的長三角紋。頂面以下至頸以上全繪黑色。上腹繪三個間距相等的獸面紋。口徑程 3、腹徑程 14.8、底徑程 6.4、高程 21.6cm，圖七四，3。

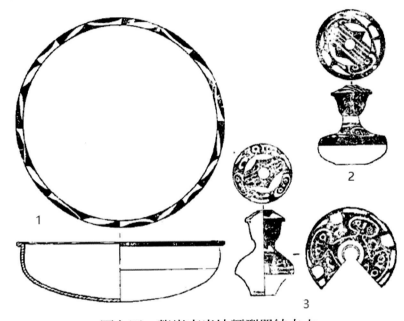

圖七四　龍崗寺半坡類型器紋之六

　　小頭壺之一，器樣 M346：5，壺頭形如算盤珠，細長頸、下腹弧收、小平底。上腹飾波折三角紋。口徑程 1.6、頂部直徑程 4.8、腹徑程 9、底徑程 3.2、高程 16.6cm，圖七五，1。

　　小頭壺之二，器樣 M304：2，壺頭殘。腹部一側以黑彩繪一個梯形方框，內繪四條豎條紋。腹徑程 15.2、底徑程 4.4、殘高程 16.8cm，圖七五，2。

　　人面壺，器樣 M396：13，細泥紅色。壺頭呈人面形，直徑程 6.4cm；人面尖下頦、扁雙目、高鼻樑，兩鼻孔小圓、張嘴、兩耳狀似彎月，但不對稱，眼、嘴、鼻孔俱通器腹。壺細頸、斜腹直與頸接，腹、頸界線不明，下腹微弧收，小平底。腹徑程 10.8、底徑程 4、高程 14.6cm。此器是生活用器，又是精美的原始雕塑藝術品，圖七五，4。

　　葫蘆形壺 5 件。其 4 件細泥紅色，1 件細泥質紅色。其 3 件口部有黑彩，1 件腹部飾劃紋。器樣 M175：1，細泥紅色。小口、折腹、平底。口部塗一周

黑彩。口徑程 4、腹徑程 11.2、底徑程 7.6、高程 17cm，圖七五，3。

　　菱角形壺，器樣 M295：1，夾砂紅瓦，小侈口，器身呈菱角狀，腹肩部見連個環形附耳，平底，通體光素。口徑程 5.2、寬程 28、高程 17.2、厚 1cm，圖七五，5。此器無紋，但以其狀罕見，又似北首嶺 M98：（3），故圖拓於此。

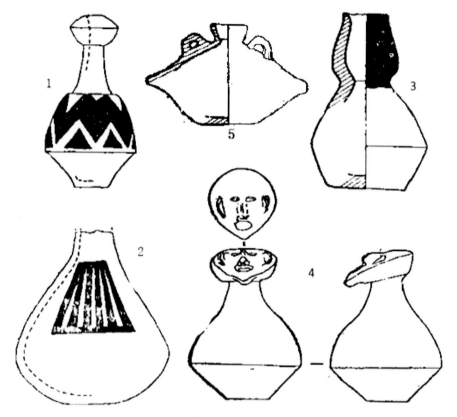

圖七五　龍崗寺半坡類型器紋之七

（2）廟底溝類型器紋識見

　　發掘者述此遺址「廟底溝類型」瓦器彩繪云：起出殘瓦 95 片，罕見全器。紋飾盡係黑彩，2 件有白衣黑彩。施彩瓦器：盆、缽。彩繪施於口沿與上腹部。紋樣多係鉤葉圓點紋，另有以直線、斜線、弧線、圓圈、圓點與三角形構成之各種圖案。

　　器樣 H175：23，圖七六，1。器樣 T37②：8，圖七六，2；器樣 H175：26，圖七六，3；器樣 T27②：11，圖七六，4；圓大陽區內有半月裝黑色塊，不詳何謂，周遭為黑圈；器樣 T38②：2，圖七六，5；器樣 H174：19，圖七六，6。

器樣 H175：15，圖七六，7；器樣 H175：34，圖七六，8。某盆，體全。
器樣 H174：4，復原，細泥紅色，大口外侈、卷沿、深斜腹、小凹底。表面抹
光，上腹飾鉤葉圓點紋，口沿飾一周黑彩。口徑程 27.6、腹徑程最大 28.8、
底徑程 10、高程 20.6cm，圖七六，9〔註50〕。

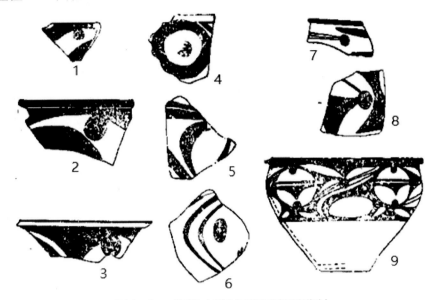

圖七六　龍崗寺廟底溝類型器殘紋

3. 寶雞華縣包頭汝州等地遺址掘理者器紋識見

1）福臨堡遺址器紋識見

（1）福臨堡第一期器紋識見

1984 年 5 月迄 1985 年 11 月，陝西省考古研究所、寶雞市考古隊發掘了
福臨堡遺址。發掘者述福臨堡第一期彩陶云：彩施於細泥盆、缽器上。著色
於口沿與腹上部。無底部或內表面施彩。瓦器彩幾盡黑色，罕見紅彩。黑白
相間彩僅有一片（出自 H5）。施彩盡係圖案形紋樣，頻見圓點紋、勾葉紋、弧
邊三角紋、弧線紋、網狀紋等。

第一期陶缽，器樣 T4④：3，泥質紅色，圓唇，口沿有一道黑彩，上腹飾
圓點、弧邊三角紋及斜線紋相配黑彩繪，圖七七，1。缽，器樣 F6：26，泥質
紅色。斂口、圓唇、腹微曲收。口沿邊有一道黑彩，上腹有圓點勾葉紋彩繪。
口徑程 27.4cm，圖七七，2。

〔註50〕陝西省考古研究所：《龍崗寺——新石器時代遺址發掘報告》，文物出版社，
　　　　1990 年，第 29 頁～第 124 頁。

　　盆，器樣 H41：1，泥質紅色，口微斂、折沿外卷、尖圓唇、腹微鼓、底稍凹。口沿飾連弧紋與弧邊三角紋相配黑彩。口徑程 29.5、底徑程 12、高程 12.5cm，圖七七，3；盆，器樣 H5：2，斂口、折沿外卷、尖唇、上腹微鼓。口沿及腹部有弧邊三角紋、連弧紋、圓點勾葉紋黑彩，圖七七，4；盆，器樣 H137：10，斂口、折沿、圓唇、上腹外鼓。唇邊有一道黑彩，上腹飾圓點與弧邊三角紋相交的黑彩，圖七七，5。

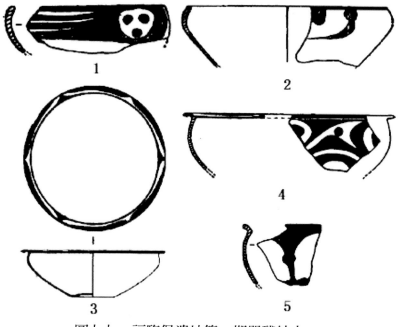

圖七七　福臨堡遺址第一期器殘紋之一

　　另見第一期若干瓦器殘片彩繪。出自 H5 者 6 片，今依《寶雞福臨堡》命器樣碼同曆闋起出瓦片。器樣 H5（1），勾葉與弧線、弧邊三角等相配為圖案，圖七八，1。器樣 H5（2），以弧紋為主，配其他紋樣，圖七八，2；器樣 H5（7），圓點與弧線等構成花苞形圖案，中間一圓點，似花蕊，左右括以弧線，外有三角紋似花葉，圖七八 3；器樣 H114（10），其他圖案，圖七八，4。

　　器樣 T3③，圓點與弧邊三角紋等構成臉面形圖案，外有弧邊三角紋及弧線紋，內作橢圓形，中間有三圓點，上二似雙目，下一似口，大形似人或動物面部，圖七八，5；器樣 H14，圖七八，6，掘理者未述紋樣。器樣 H59，圓點構造豆莢形圖案，中間一圓點，似豆粒，上下各有一條弧線形似豆莢，圖七八，7。

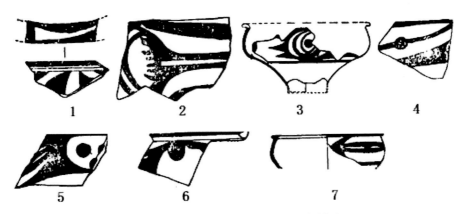

圖七八　福臨堡遺址第一期器殘紋之二

（2）福臨堡第二期器紋識見

發掘者又述，第二期彩陶器罕見，施彩皆黑彩，多飾於斂口附沿盆口沿及上腹。能見圓點垂弧紋、花瓣紋、連弧紋、齒狀紋等。如後圖，譬如，器樣H45：9，圖七九，1；器樣H82：1，圖七九，2；器樣H3，後圖七九，3；器樣T4③：33，圖七九，4〔註51〕。

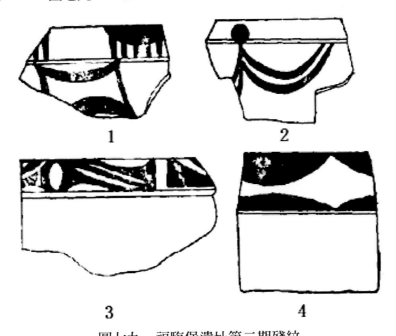

圖七九　福臨堡遺址第二期殘紋

〔註51〕寶雞市考古工作隊、陝西省考古研究所寶雞工作站：《寶雞福臨堡──新石器時代遺址發掘報告》（上冊），文物出版社，1993年，第10頁～第70頁。

2）華縣井家堡包頭西園與汝州中山寨遺址器紋識見

（1）井家堡遺址器紋識見

自 1980 年迄 1985 年，西北大學考古專業實習隊在陝西華縣、寶雞、扶風等地調查。發掘者在井家堡遺址起出瓦片有彩繪。以黑色為主，少數為赭紅色。彩繪紋飾見於器腹與折沿或卷沿盆口沿及其腹部。器內壁無彩繪。花紋複雜，富於變化。多用線條、渦紋、三角渦紋、圓點等組成。彩繪位於碗、卷沿盆、折沿盆等〔註52〕。

（2）包頭西園遺址器紋識見

1985 年包頭市文物管理處與內蒙古社會科學院考古隊發掘了西園遺址。起出物含仰韶時期彩繪瓦器。缽，器樣 BXT1（6）：99，口沿外有窄帶紋一周。口徑程 26cm，圖八〇，1。缽，BXT10（5）：106，泥質紅陶，尖唇，口沿外有寬帶紋深褐彩一周。口徑程 20cm，圖八〇，2。盆，泥質紅陶，磨光。器樣 BXTI（6）：107，口沿殘，曲腹下收，平地，腹飾花草紋黑彩一周，底徑 12cm，圖八〇，3。掘理者歸諸殘器於廟底溝早期〔註53〕。

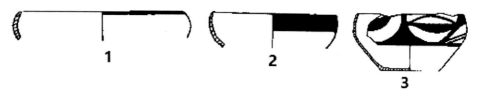

圖八〇　包頭西園遺址仰韶器殘紋

（3）汝州中山寨遺址器紋識見

1985 年春迄 1986 年春，中國社會科學院考古所河南一隊發掘了河南汝州中山寨遺址，揭露文化層若干。發掘者自第一期地層起出淺腹圓底缽、三足圓底缽。自第二期地層起出瓦缽口沿有黑彩窄帶。自其第三期地層起出若干瓦片有彩繪。發掘者述此等彩陶以圓點、弧線三角為主，另有葉子紋及繼承前期的條紋等，歸此期文化類型於廟底溝類型。某盆，紅泥陶，器樣 T104②：3，大口折沿、大平底，腹側有器耳殘痕。沿面繪黑彩三角紋，腹部飾七組花紋。每組由黑彩弧線三角組成葉形圖案。口徑程 22.8、高程 12.6cm，圖

〔註52〕西北大學歷史系考古專業 77 級、82 級實習隊：《陝西華縣、扶風和寶雞古遺址調查簡報》，《文博》1987 年第 2 期。

〔註53〕內蒙古社會科學院歷釋研究所，包頭市文物管理處：《內蒙古包頭市西園遺址1985 年的發掘》，《考古學集刊》第 8 集，科學出版社，1994 年，第 3 頁～第4 頁。

八一〔註 54〕。

圖八一 汝州中山寨遺址盆紋

3）天水西山坪與藍田泄湖遺址器紋識見

（1）西山坪遺址器紋識見

1987 年春，發掘者在西山坪遺址馬家窯文化地層下揭露了早期新石器文化堆積層，起出瓦器若干。圜底缽口沿處有刮光一周。塗上紅彩，形成一條寬帶。此等寬帶彩由口沿外壁延及口沿內壁，口沿內以此形成窄彩帶。在缽內壁也見紋飾，圖案簡單。圜底缽之一，紅褐陶。弧腹、敞口、圜底，口沿抹光，飾寬帶紅彩。器樣 T18④H2：1。口沿外彩帶寬 2、口內彩帶寬 0.2，口徑程 20、高程 8cm，圖八二，1。

另一件體大紅褐陶缽，口沿有一折棱、口沿微侈。器樣 T18④：13，口外彩帶寬 3、口沿內彩帶寬 0.5、口徑程 28、高程 10.4cm，圖八二，2。器樣 T18④：12，器內壁用紅彩繪一「山」字形圖案，色調同口沿寬帶紅彩。口徑程 28.8、高程 11cm，圖八二，3，俯視與側視。

另見灰褐陶圜底缽。其口沿外刮光一周，無紅彩。內表為灰黑色。器樣 T18④：11，敞口、弧腹，口外光邊 2.3、口徑程 21.6、高程 8.2cm，圖八二，4。另一件圜底缽腹部交錯繩紋上加飾三條下垂曲折劃紋，口徑程 25、高程 8.5cm，圖八二，5。起出三足缽殘片與殘足。其殘足塗紅彩。器樣 T18④：9，素面紅褐陶，器體小。內外刮光，口沿外飾寬帶紅彩。侈口、深腹、底部稍平，圖八二，6〔註 55〕。

〔註 54〕中國社會科學院考古所河南一隊：《河南汝州中山寨遺址》，《考古學報》1991年第 1 期。

〔註 55〕中國社會科學院考古研究所甘肅工作隊：《甘肅省天水市西山坪早期新石器時代遺址發掘簡報》，《考古》1988 年第 5 期。

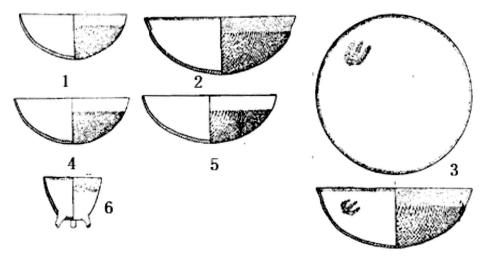

圖八二　天水西山坪遺址新石器早期器紋

（2）藍田泄湖遺址器紋識見

1986 年～1988 年，中國社會科學院考古研究所陝西六隊發掘了陝西省藍田縣泄湖遺址。發掘者起出仰韶時期（殘）瓦器。發掘者依類型學識見文化層四等：半坡類型、史家類型、廟底溝類型、西王村類型。

在半坡類型下，發掘者述瓦器彩繪云：彩陶花紋俱係黑彩，見於缽、盆等器上，圖案有線紋、寬帶紋、「幾何形魚紋」等。缽，紅泥陶，器樣 SLX 採：1，直口、淺腹、圓底。口沿有一道黑彩，通體抹光。口徑程 37、高程 10cm，圖八三，1。缽口沿部殘片，器樣 T3⑨：10，口沿有一道黑彩寬帶紋，圖八三，2。盆殘片之一，器樣 T2⑨：9，圓唇、卷沿、口沿施黑彩，腹部施幾何形魚紋，圖八三，3。盆殘片之二，器樣 T2⑨：17，圖案說明同前，圖八三，4。

圖八三　藍田泄湖遺址半坡類型器殘紋

在史家類型下，發掘者述瓦器彩繪曰：彩陶花紋為黑彩，圖案有變體魚紋、鳥魚紋、大黑點紋、黑窄條紋等。例如，缽殘片二件，器樣 T2⑧：6、器

樣 T3⑧：5〔註56〕。其口沿俱有黑彩變體魚紋，圖八四，1、2。盆殘片二件：其一，紅泥陶，器樣 T3⑧M13：1，卷沿、淺腹、圜底，口沿飾一周黑彩，器表飾四組帶大黑點的變體魚紋。口徑程 40、高程 12.6cm，圖八四，3。其二，器樣 T5⑧：21，折腹，腹飾黑彩變體魚紋，圖八四，4。瓶，紅泥陶，殘片，器樣 T1⑧：8，腹部飾黑彩變體魚紋，圖八四，5。

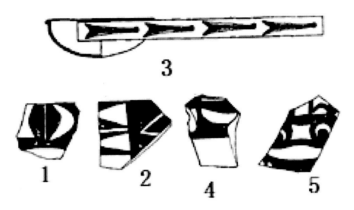

圖八四　藍田泄湖遺址史家類型器殘紋

發掘者述廟底溝類型瓦器彩繪曰：花紋以黑彩為主，也有黑、紅兼用者，出現白衣彩陶。有一件其內、外面皆施彩繪圖陶片。彩繪圖案富於變化，主要母題有弧線三角紋、大圓點紋。

缽，紅泥陶，斂口、曲腹、小平底。殘片一，器樣 T4⑦：26，圖八五，1；殘片之二，器樣 T4⑦：27，圖八五，2。發掘者述二者「口沿上有黑彩」。

盆殘片之一，器樣 T2⑦：26，圖八五，3；殘片之二，器樣 T2⑦：24，圖八五，4；俱黑彩。罐殘片，紅泥陶，黑彩，有白陶衣，器樣 T3⑦：9，圖八五，5。另一罐殘片，紅泥陶，黑彩，器樣 T4⑦：28，圖八五，6。

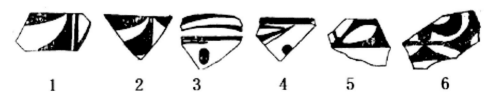

圖八五　藍田泄湖遺址廟底溝類型殘紋

〔註56〕發掘者圖六告此二物次第異於字述次第（第 422 頁），此處以圖六為效；我推測字述失次，圖述塙。中國社會科學院考古研究所陝西六隊：《陝西藍田泄湖遺址》，《考古學報》1991 年第 4 期。

西王村類型瓦器多紅泥陶。器表多素面。彩繪其不多，一些器有「刻畫符號」。缽殘片一件，有彩繪，彩紋如圖八六，殘片器樣T2⑥：27。發掘者未述其狀。

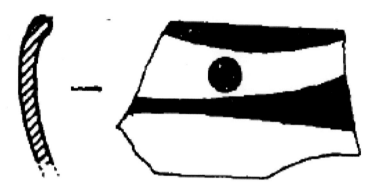

圖八六　藍田泄湖遺址西王村類型殘紋

（六）九十年代掘理者器殘紋識見

1. 師趙村與西山坪及林西水泉與鞏義洛汭地區掘理者識見

1）師趙村與西山坪遺址掘理者識見

（1）師趙村遺址掘理者識見

1981年秋迄1989年秋，中國社會科學院考古所在師趙村進行發掘，似在1990年完成發掘。師趙村第三期彩陶花紋位於瓦器外表面。花紋有：黑彩條紋、圓點紋、弧線紋、漩渦紋、弧邊三角紋、勾葉紋等。

缽，器樣T113④：72，圖八七，1；缽，器樣T115④：105，圖八七，左2；盆，器樣T113④：48，曲腹、磚紅色、唇外卷，外表面繪黑彩圓點與條紋，圖八七，3。盆，器樣T115④：107，寬沿外折90度角，彩繪弧邊三角紋，圖八七，4。

罐，殘存口部。卷沿、曲腹、紅泥質。器樣T115④：108，尖唇，彩繪弧邊三角紋，口沿飾黑彩，圖八七，5。罐，殘存口部。器樣T114④：49，寬沿，彩繪圓點紋，口沿施黑彩紋，圖八七，6。殘片，器樣T113④：150，圖八七，7；殘片，器樣T113④：70，圖八七，8。

另外，師趙村第四期日用器下有瓦刀，圖示四件皆有彩繪（《師趙村與西山坪》，第59頁）。此四器皆出自第三地層。今並撮錄圖樣及發掘者述。器樣T114③：44，雙側刃，雙長邊分別加工成單面刃。彩繪弧線紋，圖八七，9。

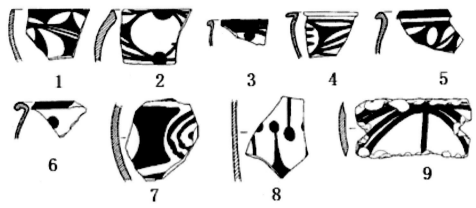

圖八七　師趙村遺址第三期殘紋

（2）西山坪第二期殘紋識見

發掘者於 1986 年秋迄 1990 年春，發掘了西山坪遺址。屬狄宛第一期文化層起出瓦器前已援述。西山坪第一期文化彩陶遺物前已援述。其第二期文化遺存起出瓦器若干，有彩繪者亦夥。紅泥質地多於紅褐泥及灰褐泥質地。

器別缽、盆、瓶、罐、尖底物。起出缽片不少，缽片外表面有寬帶紋，器樣 T55⑥：3，圖八八，1。變體魚紋，器樣 T1⑥：2，圖八八，2。缽片器樣 T1⑥：42，底殘，口徑程 23.3cm，飾紅彩帶紋，圖八八，3。盆殘片，器樣 T1⑥：40，腹殘，口沿外卷，鼓腹，腹上部飾變形魚紋，圖八八，4。陶環器樣 T1⑥：7，殘，彩繪直邊三角形，外徑程 13、內徑程 6.8cm，圖八八，5。

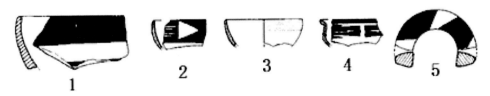

圖八八　西山坪遺址第二期殘紋

西山坪遺址第三期瓦面彩繪，圖 190，缽口部殘片，口微斂。飾彩繪。缽，器樣 T21②：1，圖八九，1。缽，器樣 T1⑤：1，圖八九，2。缽，器樣 T19①：1，圖八九，3。缽，器樣 T1⑤：5，圖八九，4。盆，口部殘片，圓唇外卷，器樣 T1⑤：38，有彩繪，圖八九，5。

瓦片彩繪，器樣 T1⑤：5，首行左 6。瓦片彩繪，器樣 T1⑤：3，圖八九，

7。瓦片彩繪，器樣 T5④：1，圖八九，8。瓦片彩繪，器樣 T2②：1，圖八九，9。瓦片彩繪：T4②：1，圖八九，10。瓦片彩繪，器樣 T2③：2，圖八九，11。瓦片彩繪，器樣 T1⑤：2，圖八九，12〔註57〕。

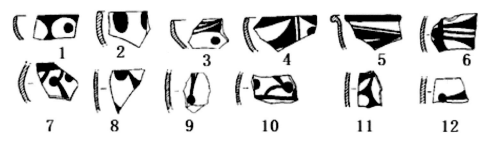

圖八九　西山坪遺址第三期殘紋

器樣 T18④：35，圖182，第 12 幅。器內壁以赤色繪「山」字狀。色同口沿色。口沿內外俱有赤彩。外彩寬程 0.3、內彩寬才 0.5cm。口徑程 28.5、高 10.8cm。此畫乃大火星曆志，《祖述之一》已考釋，不再贅言。

2）赤峰林西水泉遺址與鞏義洛汭地區掘理者識見

（1）赤峰林西水泉遺址掘理者識見

1991 年 5 月迄 7 月，內蒙古赤峰林西水泉遺址被發掘。在此地揭露了趙寶溝文化地層與紅山文化地層。在趙寶溝文化地層起出瓦器，器表圖案有：「之」字紋、幾何紋、瑣印紋、凹印紋等居多。「之」字紋別線形、方格形、齒狀。幾何紋或為柳葉形、或為三角形。除了單層幾何紋，也見雙層幾何紋。紋飾多採用壓印與戳印。壓印為首，戳印為輔。在紅山文化地層起出彩陶，黑彩施於紅色陶衣上。既見外彩，也見內彩。圖案有並行線、放射線、半圓形、三角形、渦紋等。器形有筒形罐、大口罐、高領罐、杯、盅、缽、盆等。

掘理者識見：三角紋，器樣 T27①：1，圖九〇，1；並行線與渦紋，器樣 T19①：5，圖九〇，2；並行線紋，器樣 H11：1，圖九〇，3；三角紋與寬帶紋，器樣 H17：5，圖九〇，4；放射線紋與半圓形紋組成的傘紋，器樣 T17①：3，圖九〇，5〔註58〕。

〔註57〕中國社會科學院考古研究所：《師趙村與西山坪》，中國大百科全書出版社，1999 年，第 245 頁～第 247 頁。
〔註58〕內蒙古自治區文物考古研究所、浙江大學文化遺產學院：《內蒙古赤峰林西水泉遺址》，《考古學報》2017 年第 4 期。

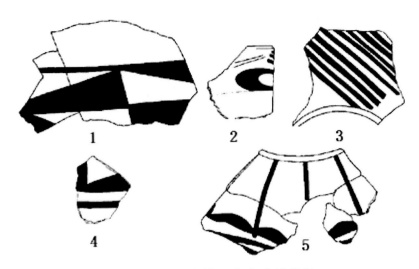

圖九〇　赤峰林西水泉遺址殘紋

（2）鞏義洛汭地區查理者識見

1992年，調查者在洛汭地區獲得彩繪瓦器。缽，器樣 TG：124，圓唇、折腹、斜直壁，口部飾以紅色寬帶紋，口徑程 24cm，圖九一，1〔註59〕。缽，器樣 TG：55。圓唇、肩部施白衣，繪褐色彩花卉紋，口徑程 30cm，圖九一，2。

圖九一　灘小關遺址仰韶缽殘紋

2. 隴縣原子頭眉縣白家村夏縣西陰村器殘紋識見

1）原子頭遺址器殘紋識見

（1）仰韶文化第一期器殘紋識見

1991年8月迄1993年10月，寶雞市考古隊、陝西省考古所發掘了隴縣原子頭遺址。發掘者述原子頭遺址彩繪瓦器屬仰韶文化第一期者如後：斂口深腹缽之一，器體較大，質地紅泥。第一期，1：斂口深腹缽，器樣 H126：1。口微斂、腹較深、圜底，呈半球狀。口沿外有一條黑色寬彩帶，近底部有陰線

〔註59〕河南省社會科學院河洛文化研究所，鞏義市文物保護管理所：《河南鞏義市洛汭地帶古代遺址調查》《考古學集刊》第 9 集，科學出版社，1995 年，第 3 頁～第 4 頁。

刻畫紋一周，徑程 8cm。底外正中有一指戳凹坑。器口徑程 33、腹深程 15.5cm，圖九二，1。斂口深腹缽之二，器樣 H126：5，狀似前者，微小而已。口外黑帶彩上有一「Λ」刻畫。口徑程 31.5、腹深程 16.5cm，圖九二，2。斂口深腹缽之三，器樣 H126：4，狀似前二器。圜底無劃紋圈，及粗澀表面。口外黑彩帶上亦有「Λ」刻畫，微殘。口徑程 31.5、腹深程 16cm，圖九二，3。

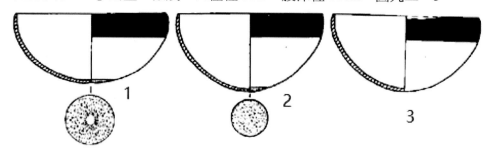

圖九二　原子頭仰韶文化第一期缽紋

（2）仰韶文化第二期器殘紋識見

發掘者述此遺址仰韶文化第二期瓦器彩繪云：斂口深腹缽，器樣 F4：4，復原器。紅泥質地，腹外上部有黑彩繪出魚頭圖案。魚頭上下有直線與直線三角黑彩。從殘存兩組圖案看，此圖案似乎為魚頭連續排列構成。口徑程 22、殘深程 8.7cm，圖九三，1。

直口淺腹缽：器樣 F35：6，紅泥質地，圓唇、圜底。口沿外有一周 2.2cm 寬黑彩帶，其餘部位磨光。口徑程 21、高程 8cm，圖九三，2。淺折腹盆，器樣 F27：8，細泥質紅色，復原器。侈口、尖圓唇、斜折沿，折腹上部微鼓、圜底。口沿外為黑彩帶。上腹部飾黑彩魚紋圖案，計有兩條魚形，一大一小相逐，有黑線相聯。魚形象趨於圖案化，頭部稍寫實，瘦長體、尖鰭、長尾，圖九三，3。

直口淺腹缽，「標本 F27：13，泥質紅陶。形與前器相似，唯較大。見圓唇，體作截球形。口沿外有寬 4cm 的黑彩帶一周，黑彩以下部位素面磨光」。口徑程 37.5、高程 15cm，圖九三，4。

器座，器樣 F27：16。泥質紅色。上下俱喇叭口狀敞口，沿微外卷，方圓唇，唇外呈尖棱形，束腰，腰中部有兩兩相對之大小圓孔各兩眼，大孔徑程 3cm，小孔徑程 2.5cm。上下唇外俱有黑彩帶，腹部素面磨光。上口徑程 22.5、下口徑程 24、腹徑程 13.5、高程 17.5cm，圖九三，5。

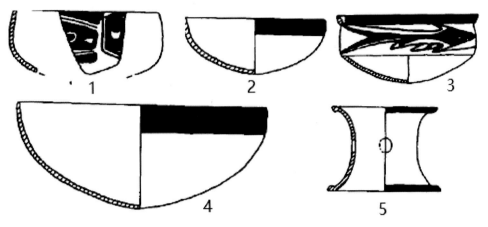

圖九三　原子頭仰韶文化第二期器殘紋

（3）仰韶文化第三期器殘紋識見

　　第三期起出彩陶器不少。多見唇部畫線狀黑口彩外，口沿下上腹部繪精美彩陶圖案。斂口深腹缽，器樣 H84：3，泥質紅色，近底部色澤淺。尖圓唇、腹較深，圓底微尖。唇內側有線狀黑口彩。上腹飾黑彩圖案帶，為弧邊三角、圓點、弧線等相配紋飾，富於變化。下腹光素。口徑程 24、高程 11cm，圖九四，1。

　　斂口淺腹缽，器樣 F31：5，泥質紅色，外呈暗紅。口微斂、圓唇、上腹圓鼓、下腹殘。唇部有黑色線狀口彩，上腹飾弧邊三角與圓點相配黑彩圖案紋帶。下腹光素。口徑程 20、殘深 7cm，圖九四，2。斂口淺腹缽，器樣 H65：4，泥質紅色。口微斂、尖圓唇、淺腹弧收成圓底、稍殘。唇部有線狀黑口彩，上腹飾黑彩圖案一周，有直線三角紋、弧邊三角紋、弧邊三角與圓點紋組成。下腹光素。口徑程 31.5、高 11cm，圖九四，3。

　　斂口淺腹缽，器樣 H19：2，泥質紅色，殘。口微斂、尖圓唇、上腹弧圓、下腹淺。唇部有黑色線狀口彩，上腹飾背弧邊三角，勾線相聯之弧邊三角紋等配成圖案。口徑程 24、殘深 6.5cm，圖九四，4。

　　斂口淺腹缽，器樣 F33：5，泥質紅色，殘。口稍內斂、圓唇、上腹弧圓。唇部飾線狀黑口彩，沿外上腹部飾黑彩圖案帶，有弧邊三角、斜線與圓點紋搭配。口徑程 30、殘深 8.5cm，圖九四，5。直口淺腹缽，器樣 H100：1，泥質紅色。直口、圓唇，沿外有對稱雙環狀豎耳，上腹稍直，腹甚淺、圓底。唇部有線狀黑口彩，上腹飾背弧邊三角、對弧邊三角、弧、直線等搭配之黑彩圖案。雙耳外亦有黑彩，下腹素面磨光。口徑程 19.5、耳間距 22、高 6.5cm，

圖九四，6。直口淺腹缽，器樣 H100：5，泥質紅色，殘，狀似 H100：1，稍大，雙耳殘。彩色圖案近似但稍變。口徑程 27、殘深程 7.5cm，圖九四，7。斂口淺腹缽，器樣 F33：1，泥質紅色，口微斂、圓唇、腹弧圓、圜底。唇部施黑色線狀口彩，上腹由黑彩圖案一周，由圓點、弧線、弧邊三角等紋樣組成。下腹光素。口徑程 37、高程 14cm，圖九四，8。

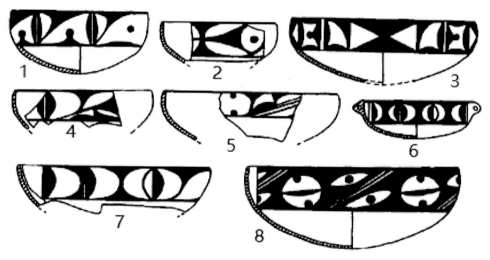

圖九四　原子頭仰韶文化第三期器殘紋之一

彩繪圖案多種多樣，依紋樣歸類，有彩繪幾何紋或變形幾何紋盆、彩繪變形魚紋盆與彩繪線紋盆。彩繪幾何紋或變形幾何紋盆：

彩繪幾何紋盆，器樣 F8：1，泥質紅色，口微斂、微卷沿、圓唇，上腹微鼓、圜底殘。唇部飾黑口彩，上腹飾對三角紋、斜線、長三角形、圓點相配之黑彩帶圖案，下腹素面磨光。口徑程 25.5cm，圖九五，1。

彩繪變形幾何紋盆，器樣 H12：4，泥質紅色，殘。口微斂、卷沿、厚圓唇、腹上部稍外鼓、下腹殘。唇部有黑口彩，上腹飾圓點、直線、弧邊三角等相配之黑彩紋帶，圖九五，2。

彩繪變形幾何紋盆，器樣 H100：3，復原器，泥質紅色，彩繪變形幾何紋。口微斂、侈沿微折、圓唇、上腹微鼓、圜底稍尖。唇部飾黑口彩，上腹飾對三角紋、斜線、三角圓點相配之黑彩圖案帶，下腹素面磨光。口徑程 31、高程 11.5cm，圖九五，3。

彩繪變形幾何紋盆，器樣 F6：6，泥質紅陶、侈口、圓唇、上腹較直、圜底殘。唇部飾黑口彩，上腹飾對弧邊三角紋、圓點相配之黑彩圖案帶，下腹

素面磨光。口徑程 24cm，圖九五，4。

　　彩繪變形幾何紋盆，器樣 T6⑥：3，泥質紅色，殘。直口、窄斜沿微外卷、圓唇、底殘。唇部有黑口彩，上腹飾黑彩直線三角、直線紋、三角紋、弧邊三角等相間圖案紋帶，下腹素面磨光。口徑程 20、殘深程 7cm，圖九五，5。

　　深折腹盆，器樣 F3：6，泥質紅色。侈口、卷沿、厚圓唇、頸微束、腹斜直、下腹圓折、圜底殘失。唇部有黑口彩，上腹飾旋紋，折腹部有指甲紋一周，其下素面磨光。口徑程 20、腹徑程 19、殘深 12cm。圖九五，6。

　　彩繪幾何紋盆，器樣 H65：3，以三角形配圓點、直線為主圖案。泥質紅色。口近直、短卷沿、厚圓唇、上腹微鼓、圜底。唇部有黑口彩一周，上腹飾黑彩、對三角、圓點與直線紋帶。前兩者相間繪出。直線一道繪於腹中間，下腹素面磨光。口徑程 36、高程 16cm，圖九五，7。

　　彩繪變形幾何紋盆，器樣 T13⑥：21，泥質紅色。口微斂、微卷沿、方圓唇、上腹微鼓、圜底殘、唇部飾黑口彩，上腹飾弧邊三角形、直線相配之黑彩圖案組合，下腹素面磨光，口徑程 50cm，圖九五，8。

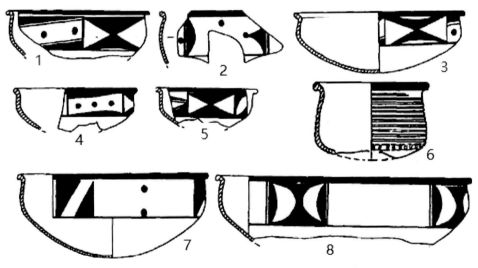

圖九五　原子頭仰韶文化第三期器殘紋之二

　　發掘者述，彩繪幾何紋盆，器樣 H65：2，泥質紅色，殘，直口、短卷沿、圓唇、淺腹、圜底殘。唇部有黑口彩，上腹為黑彩三角、直線及菱形黑點相配的幾何紋組，與空白區段相間構成紋飾帶。下腹磨光。口徑程 44、殘深 18.5cm，圖九六，1。

　　彩繪變形幾何紋盆，器樣 H48：2，泥質紅色，殘。口微斂、侈沿微外卷、

厚圓唇、上腹微外鼓，圜底殘缺。由直線三角、直線條相配，和弧邊三角與圓點相配之紋飾組相間裝飾，下腹素面抹光。口徑程 44、殘深 13cm，後圖首行左，圖九六，2。

彩繪變形魚紋盆，器樣 H12：5，泥質紅色，殘。斂口、短卷沿、厚圓唇、上腹外鼓。唇部飾黑口彩，上腹魚紋似器樣 H55：1，變形魚頭前與尾端間加黑彩上圓點、下弧邊三角圖案。形似日月，圖九六，3。

彩繪變形魚紋盆，器樣 H55：1，復原。泥質紅色，表泛紅色。直口、折沿微斜侈、圓唇、淺腹圓鼓、圜底。唇部有黑彩，上腹飾變形魚紋黑彩帶，頭部變形、體瘦長，鰭與尾誇張變形甚大，下腹素面磨光。口徑程 40、高程 15.5cm，圖九六，4。

彩繪變形魚紋盆，器樣 F33：4，泥質紅色，表泛白色。直口、侈沿、厚圓唇、淺腹上部微鼓、圜底。唇部飾黑口彩，上腹黑彩魚紋體部似器樣 H55：1 圖案，但頭部變化甚大，無相似可言，下腹素面磨光。口徑程 50、高程 17.5cm，圖九六，5。

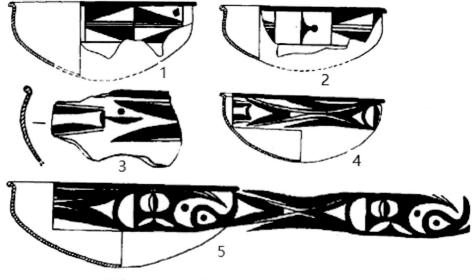

圖九六　原子頭仰韶文化第三期器殘紋之三

彩繪弧線紋盆，器樣 F33：3，復原。泥質紅色。陶胎較薄、製作精緻。斂口、斜折沿較寬、方圓唇，腹深微墜、上部較直，下部微曲，收成微凹底。唇部飾黑口彩。沿面有弧邊三角及弧紋黑彩圖案，上腹飾圓點、弧邊三角、弧線、直線等相配之黑彩圖案，繁複而華麗，下腹素面磨光，表掩於煙炱，紋

樣不清晰。口徑程 25、底徑程 9、高程 20cm，圖九七，1。

　　彩繪變形幾何紋盆，器樣 H84：2，泥質紅陶，復原。口微斂、寬屏折沿微外卷、圓唇、頸稍束、淺腹上部微外鼓、圓底。口沿面上飾相對黑彩弧邊三角紋、唇部有黑口彩一周，腹部素面磨光。口徑程 27、高程 9.5cm，圖九七，2。

　　彩繪弧線紋盆，器樣 H42：1，復原，泥質紅色。口微斂、寬折沿微外卷、圓唇、腹較深、上腹外鼓，下腹微曲收成小凹底。唇部飾黑口彩，沿面飾斜線與弧邊三角相間黑彩圖案，上腹飾黑色彩繪圖案帶，主要有弧邊三角、圓點、弧線等紋樣相互搭配，下腹素面磨光。口徑程 37、底徑程 11、高程 15.5cm，圖九七，3。

　　圓鼓腹彩陶罐，器樣 H84：1，泥質暗紅色。侈口、卷沿、厚圓唇、斂頸、腹圓鼓而微垂，下腹曲收，底微內凹。唇部有黑口彩，腹中上部飾黑彩花瓣形、圓點、弧邊三角、直線等組成圖案，華麗美觀，富於變化，為難得藝術品。口徑程、25.5、腹徑程 29.5、底徑程 10.5、高程 29cm，圖九七，4。

　　壺，器樣 F2：1，泥質紅色。小口內斂、圓唇、圓肩、矮體淺腹、平底。肩上有圓點、圓圈、弧線、弧邊三角相配之黑彩圖案，腹下部素面磨光，底有編織紋痕。口徑程 4.5、肩徑程 20、底徑程 12.5、高程 10.5cm，圖九七，5。

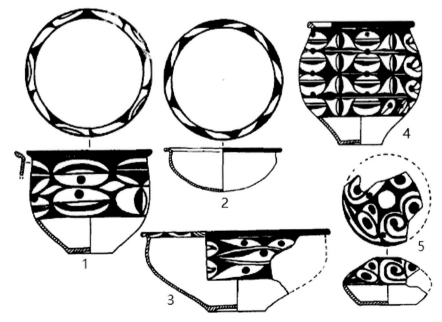

圖九七　原子頭仰韶文化第三期器殘紋之四

發掘者又述原子頭遺址第三期彩繪紋殘部云：缽、盆多見彩繪，壺、罐面上也有彩繪。色彩盡黑。頻見線狀黑口彩，另見變形魚紋、幾何紋、變形幾何紋、花瓣紋與圓點等圖案。線狀黑口彩飾於缽、盆、罐器唇部，缽上見較細一道。盆、罐唇黑口彩線較粗。花瓣紋較少。見於此期稍晚盆、罐上。主要為四瓣的花形圖案，與其他圖案搭配構圖。

幾何紋頻見於盆腹上部。譬如直角三角形、等腰三角形、直線紋等。三者配合圖案較多，能見相錯三角、對三角等，譬如幾何紋，器樣 F28，圖九八，1；又幾何紋，器樣 T13⑥：15，圖九八，2；圓點紋，器樣 H55，圖九八，3。T34⑥，圖九八，4。

變形幾何紋頻見於缽、盆上腹。其狀：弧邊三角形與變形三角形。頻搭配斜線、弧線、圓點，構成多樣圖案，譬如器樣 T34⑥（1），圖九八，5；器樣 T35⑥，圖九八，6；斜線弧邊三角紋；器樣 T41⑥，圖九八，7。器樣 T34⑥（2），圖九八，8。

變形魚紋見於缽或盆上腹，魚身相似而細長，有雙條大尾與上下兩個尖長魚鰭，但頭部變化較大，譬如器樣 H85，圖九八，9；器樣 T9③，圖九八，10。

圓點紋頻見。與其他紋樣搭配構圖，譬如將圓點置於長方形框內、橢圓圈內、圓圈內，以及弧線紋上下，譬如器樣 T42⑥，斜線及圓點紋，圖九八，11。器樣 H45，弧邊三角弧線紋等，圖九八，12；

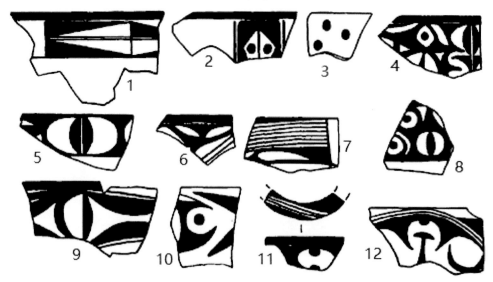

圖九八　原子頭仰韶文化第三期殘紋之五

（4）仰韶文化第四期器殘紋識見

掘理者述此遺址仰韶文化第四期器彩繪云：彩繪以黑色為首，也見黑褐色，多見於缽、盆等細泥紅色器上腹。圖案有黑口彩與弧邊三角、圓點、勾葉等，也見動物圖案。弧邊三角紋多，勾葉紋少。鳥紋罕見。有簡單勾畫出鳥頭及鳥身、翅膀及尾巴。

斂口深腹缽，器樣 H99：1，復原。泥質紅色。口沿內斂、厚圓唇、上腹外鼓、下腹弧曲、平底。唇部有黑口彩，上腹由黑紋帶，圖案由弧邊三角、三個圓點組成倒「品」字形和燕尾形。口徑程 27、腹深程 12.4、底徑程 10、高程 13cm，圖九九，1。

斂口深腹缽，器樣 H112：1，口沿微內斂、厚圓唇、肩部外弧鼓，腹部內直斜收，小平底微上凹。有黑口彩與口沿外黑彩繪連。圖案由近似植物狀變形太陽鳥三組組成。口徑程 22.1、底徑程 10.2、腹深程 9.5、通高程 10.3cm，圖九九，2。

彩繪鳥紋圓腹盆，器樣 H104：6，細泥紅色，斂口、束頸，平折沿微斜、尖圓唇、上腹外鼓，唇部有黑口彩，頸部下飾黑彩，圖案為栩栩如生的鳥紋與弧線紋組成，圖九九，3〔註60〕。

圖九九　原子頭仰韶文化第四期器殘紋

2）眉縣白家村與夏縣西陰村器紋識見

（1）眉縣白家村器紋識見

陝西省考古研究所於 1993 年發掘了眉縣白家村遺址。起出有「半坡類型晚期」「廟底溝類型」特徵瓦器。發掘者述其識見瓦器彩繪曰：缽，細泥紅陶，器表面抹光者多見。器樣採：4，口微斂、底殘。外表飾黑彩斜線圓點紋。口徑程 15cm。圖一〇〇，1。盆，細泥紅陶，器樣採：5。直口、卷沿、腹淺、圓底殘。唇緣塗黑彩，腹飾變體魚紋。口徑程 24cm。圖一〇〇，

〔註60〕寶雞市考古工作隊、陝西省考古研究所：《隴縣原子頭》，文物出版社，2005年，第 27 頁～第 102 頁。檢第 91 頁，圖六〇，4、11 二瓦片重碼，俱是 T34⑥，疑發掘日誌失次。

2〔註61〕。

圖一〇〇　眉縣白家村遺址器紋

（2）夏縣西陰村器殘紋識見

　　夏縣西陰村遺址於 1994 年 10 月 12 日至 11 月 28 日被第二次發掘。掘理者述：起出泥質陶器，器表陶色純正，多被磨光。紅陶頻見，灰陶不多。器表著赤、白色陶衣者甚寡。紋飾以彩陶（紋飾為主），多為黑彩，偶而見紅彩、白彩，飾線紋或旋紋者寡。亦起出多件瓦缽，多係紅陶。灰陶、灰褐陶寡。唇尖圓、斂口者多。底平或內凹。彩陶約五分之二，俱黑彩。一些缽下腹以上部位有紅陶衣。

　　器樣 H34：51，口部殘片，口外飾勾葉紋間圓點紋彩，圖一〇一，1。器樣 H26：15，口沿殘片，口外飾勾葉紋彩，圖一〇一，2。發掘者述折腹曲腹缽彩繪云：器樣 H38：13，口沿殘片，勾葉紋和雙線十字紋彩，圖一〇一，3。器樣 H1：5，口沿殘片，白陶衣，單元狀寬疏網紋，圖一〇一，4。H30：7，施白陶衣，單元網紋彩。口徑程 15.2、底徑程 9.9、通高程 7.6cm，圖第一〇一，5。

　　器樣 H30：6，紅陶衣，雙勾葉紋構成一組主體圖案，組與組間以二圓點紋，主體圖案間填以三圓點紋間以雙短線紋。口徑程 22.8、底徑程 10.5、通高程 10.4～10.8cm，圖一〇一，6。器樣 H30：2，紅陶衣，勾葉紋間圓點紋彩。口徑程 21.3、底徑程 9.1、通高程 8.8cm，圖一〇一，7。

　　述某種大缽彩繪云：器樣 F5：3，紅陶，圓唇、口微斂、下腹急收，口上部有勾葉紋。口徑程 36、殘高程 12cm，圖一〇一，8。

〔註61〕陝西省考古研究所：《陝西眉縣白家遺址發掘簡報》，《考古與文物》1996 年第 6 期。

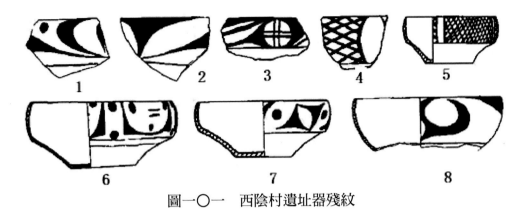

圖一〇一　西陰村遺址器殘紋

　　發掘者述某種曲腹盆彩繪曰：器樣：54，雙勾葉紋構成一組主體圖案，間填以二圓點紋或雙線夾圓點紋。口徑程 19、殘高程 10cm，圖一〇二，1。器樣 H30：4，雙勾葉紋構成一組主體圖案，間填以雙勾葉紋夾圓點紋。口徑程 22、殘高程 9cm，圖一〇二，2。淺腹盆，口徑大於腹徑，圖案簡潔明快。線條細長散疏，似蔓藤類植物莖葉，單元布局性不強，器樣 H1：3，口沿殘片，勾葉紋彩，圖一〇二，3。器樣 H34：6，腹極淺。

　　勾葉紋間以圓點紋。口徑程 35、腹徑程 33、底徑程 14、通高程 15.3cm，圖一〇二，4。器樣 H34：40，腹較淺，勾葉紋間以圓點紋，圖案複雜。口徑程 36.4、殘高程 14cm，圖一〇二，5。器樣 H33：37，勾葉紋間以圓點紋。口徑程 28、殘高程 8cm，圖一〇二，6。

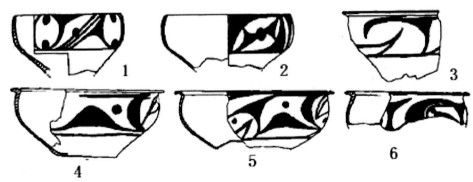

圖一〇二　西陰村遺址盆殘紋之一

　　發掘者述深腹盆彩繪云：腹下部內曲，口徑小於腹徑（有二徑程相當者），折沿為主。圖案複雜，但易以單元區分。上下或左右雙勾葉紋構成主體圖案，也有類似蔓藤類植物莖葉之變體勾葉紋。較之淺腹盆圖案粗密，除黑彩外有白彩與紅彩器（片）。

　　器樣 H30：63，腹極深，勾葉紋間以圓點紋以及雙線夾圓點紋。口徑程32、腹徑程 33.2、底徑程 16、通高程 28cm，圖一〇三，1。器樣 H33：7，沿面部分為分單元勾葉紋和並行線紋，此裝飾作風甚少見。腹上部為捲曲勾葉紋間以圓點紋。口徑程 32.8、殘高程 13.6cm，圖一〇三，2。器樣 H34：45，勾葉紋間以圓點紋。口徑程 32、腹徑程 34、殘高程 11.6cm，圖一〇三，3。器樣 H39：20，卷沿，沿面有長勾葉紋，腹上下部各有一周連續勾葉紋間以圓點紋。口徑程 26、腹徑程 28.4、殘高程 21cm，圖一〇三，4。器樣 H34：44，卷沿，勾葉紋散疏。口徑程 26.8、腹徑程 27.6、殘高程 15.2cm，圖一〇三，5。器樣 H33：36，勾葉紋。口腹徑程俱 28.8、殘高程 10.8cm，圖一〇三，6。器樣 G1：9，口沿殘片。卷沿，勾葉紋間以圓點紋，圖一〇三，7。

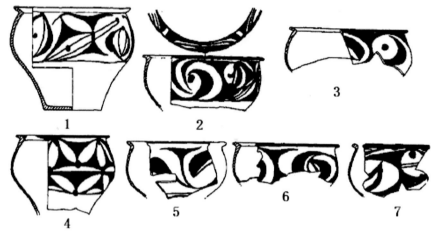

圖一〇三　西陰村遺址盆殘紋之二

　　此外，此掘錄圖三九多件瓦片面上彩繪殘圖難歸類，在此不錄〔註62〕。

3. 狄宛掘理者器紋識見

1）狄宛第一期三足與圜底器紋識見

（1）第一期圜底三足器紋識見

　　1978 年迄 1995 年，甘肅省博物館文物工作隊發掘了秦安縣五營鄉邵店村大地灣遺址（依前考後並名狄宛）。顧第一期以降器狀傳承於後諸期，今檢讀狄宛文明前三期器殘紋識見如後。

　　盆形鼎，A 型，侈口、圓唇，沿外內折、腹深斜收、圜底，下附三個錐狀

〔註62〕山西省考古研究所：《西陰村史前遺存第二次發掘》，《三晉考古》第 2 輯，山西人民出版社，1996 年，第 22 頁～第 33 頁。

足。口沿飾一道紅色條帶紋，沿外抹光後施一條紅色寬帶紋。口部下施交錯細繩紋。器樣 H3116：10，口徑程 21.2、高程 10.2cm，圖一〇四，1。

　　B 型侈口、弧腹斜收、素面。II 式，沿外內折。器樣：T213⑤：8，夾細砂紅色。口沿外飾一條紅色寬帶紋，沿面飾紅色波折紋。口徑程 19、高程 10cm，圖一〇四，2。

　　缽形鼎 A 型，弧腹斜收，素面磨光。圜底下附三個錐狀足。I 式，敞口、尖圓唇、腹淺。器樣 H398：59，口沿飾一條紅色寬帶紋。夾細砂紅陶。口徑程 20.8、高程 9.7cm，圖一〇四，3。II 式，微敞口、唇圓、腹深。器樣 H3116：12，口沿飾一條紅色寬帶紋。夾細砂紅色。口徑程 21.2、高程 10.8cm，圖一〇四，4。III 式，口直微斂、唇圓、腹深。器樣 H3107：1，沿內飾一周紅色窄條帶紋，沿外飾一條紅色寬帶紋。夾細砂紅陶。口徑程 20.5、高程 9.2cm，圖一〇四，5。

　　B 型，口敞、唇圓、腹弧斜收，圜底下附三足。口部以下施交錯細繩紋。I 式，器樣 H3116：14，腹淺。口沿抹光後飾一條紅色寬帶紋。夾細砂紅褐陶。口徑程 30.3、高程 13cm，圖一〇四，6。

　　II 式，口微敞、腹較深，圜底下附三個錐狀足。器樣 H391：6，口沿抹光後飾一條紅色寬帶紋。夾細砂紅色。口徑程 27.4、高程 12.7cm，圖一〇四，7。

　　III 式，口微敞近直、腹深，圜底下附三個錐狀足。器樣 H363：30。口沿抹光後飾一條紅色寬帶紋。夾細砂紅色。口徑程 31、高程 14.8cm，圖一〇四，8。

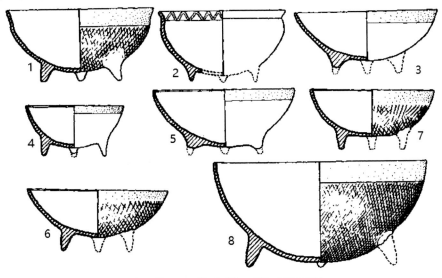

圖一〇四　狄宛第一期三足器紋

（2）第一期圜底器紋識見

圜底盆，口敞、唇圓、沿外微內收、腹弧斜收、底圜。A 型，口部下施交錯細繩紋。口沿抹光後飾一條紅色寬帶紋。I 式，唇尖圓、腹較淺，口沿抹光後飾一條紅色寬帶紋。器樣 H370：5。口徑程 30、高程 10.2cm，圖一〇五，1。II 式，口敞、唇圓尖、腹深。器樣 H3114：7，夾細砂紅色。口徑程 30.8、高程 11.9cm，圖一〇五，2。B 型，器樣 T210⑤：41，口敞、唇圓、腹弧內收、底殘。素面抹光，口沿飾一條紅色寬帶紋。夾細砂紅色。口徑程 22、殘高程 6.4cm，圖一〇五，3。

圜底缽，A 型 III 式，口微敞近直、腹深。器樣 T10⑤：1，口沿飾一條紅色條帶紋，夾細砂紅色。口徑程 29.7、高程 10.9cm，圖一〇五，4。B 型，口沿有一條較寬抹光素面，口部下施交錯細繩紋。I 式，口敞、唇尖圓、腹淺。器樣 T215：13。口沿飾一條紅色條帶紋，夾細砂紅色。口徑程 26.8、高程 9.6cm，圖一〇五，5。III 式，口微敞、唇圓、腹深，器樣 H3116：7，口沿飾一條紅色寬帶紋。夾細砂紅色。口徑程 27.6、高程 11.5cm，圖一〇五，6。D 型，口敞、腹深、底圜近平。器樣 H254：22，口沿飾一條紅色條帶文，口部以下素面抹光。夾細砂紅色。口徑程 18、高程 6.8cm，圖一〇五，7。

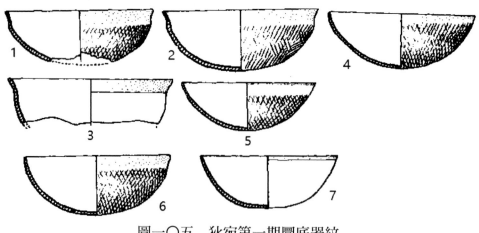

圖一〇五　狄宛第一期圜底器紋

2）狄宛第二期器殘紋識見

（1）A 型 I 式缽殘紋識見

發掘者述此遺址第二期彩陶云：第二期「生活用品」類瓦器立體紋飾以繩紋為主，另見線紋、弦紋、指甲紋、附加堆紋、刻畫紋。「平面」紋飾僅彩陶一種，以黑色為主，有數件器內壁飾以紅彩。器多圜底。盆、缽、罐最多。

　　A 型 I 式缽，口唇尖圓、腹深且壁顯圓鼓、底渾圓、胎體厚。體似半球狀。發掘者述非葬闕瓦器彩繪撮錄於後。

　　器樣 T3④：5，在黑色寬帶上刻畫似↓，口徑程 20、高程 7.6cm，圖一〇六，1。器樣 QDIII：1，寬帶口沿處刻畫「＋」符號，口徑程 27.4、高程 10cm，圖一〇六，2。器樣 H235：7，腹部飾一周圓圈、圓點紋圖案。口徑程 15.6、高程 7.6cm，圖一〇六，3。器樣 H379：P190，圖一〇六，4。器樣 H397：P2，圓點紋圖案，圖一〇六，5。

圖一〇六　狄宛第二期 A 型 I 式缽殘紋

（2）A 型 II、III 式缽殘紋識見

　　II 式缽，口沿圓滑、直腹較深、底尖圓。表面打抹光潔。發掘者識見其彩繪如後。器樣 F383：7，圖一〇七，1，腹飾弧邊三角與圓點構成的圖案。

　　口徑程 14、高程 7cm。器樣 H347：8，圖一〇七，2，腹飾弧三角勾葉紋圖案。口徑程 16、高程 6.4cm。

　　器樣 T205④：1，圖一〇七，3，腹飾黑彩弧邊三角構成的葉瓣圖案。口徑程 16.3，高程 6.5cm。

　　另見彩繪殘片面繪橫三角、直三角、斜三角、弧三角、直並行線、斜並行線、圓點等，構圖參差。譬如，彩繪殘片，器樣 T101③：P12，圖一〇七，4。彩繪殘片，器樣 H709：P19，圖一〇七，5。彩繪殘片，器樣 T340④：P11，圖一〇七，6。彩繪殘片，器樣 F201：P2，圖一〇七，7。

　　彩繪殘片，器樣 H379：P185，圖一〇七，8。III 式缽，口唇厚圓、腹壁稍淺、底緩圓。色淺紅。表面抹光。器樣 T223③：5，腹飾弧邊三角、圓點、

半圓等構成圖案。口徑程 18、高程 6.7cm，圖一〇七，9。器樣 F1：5，口部飾黑色寬帶紋，內底部繪有漩渦形紅彩圖案，圖一〇七，10，口徑程 33.5、高程 10.2cm。殘片彩繪，器樣 H379：P186，圖一〇七，11。

另見彩繪殘片，繪弧邊三角、半圓、圓點、圓圈、並行線等構圖相異花紋。譬如，器樣 G300：P10，圖一〇七，12。殘片彩繪，器樣 T343③：P16，圖一〇七，13。彩繪殘片，器樣 H714：P38，圖一〇七，14。彩繪殘片，器樣 H262：P25，圖一〇七，15。彩繪殘片，器樣 F234：P3，圖一〇七，16。彩繪殘片，器樣 H3：P12，圖一〇七，17。

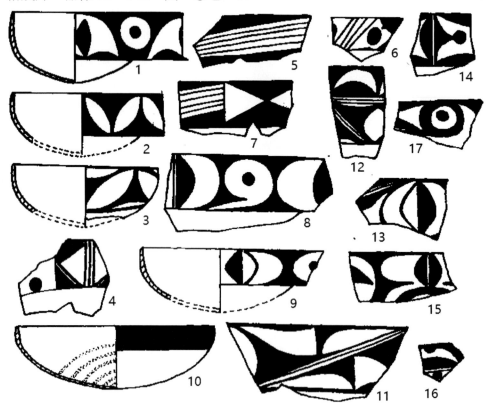

圖一〇七　狄宛第二期 A 型 II、III 式缽殘紋

（3）B 型 II 式缽殘紋識見

發掘者定斂口缽 B 型，其 II 式口唇圓滑、腹較深、底大，不少器底尖圓。表面抹光。彩繪如後。

器樣 H379：130，圖一〇八，1，底殘，腹飾對三角、對圓點組成圖案，口徑程 15.1、高程 9.2cm。器樣 H7：2，圖一〇八，2，腹飾對三角構成圖案，

口徑程 15.2、高程 9.2cm。器樣 H379：139，圖一〇八，3，腹飾對三角，對半圓構成的圖案，口徑程 22.5、高程 23.7cm。器樣 H205：11，圖一〇八，4，腹飾雙對三角構成圖案，口徑程 16.8、高程 7.6cm；彩繪殘片，畫不同方位之三角、圓點、半圓、並行線等構成的圖案。殘片彩繪，器樣 H379：P103，圖一〇八，5。彩繪殘片，器樣 F708：P3，圖一〇八，6。器樣 H218：P41，圖一〇八，7。器樣 F353：P22，圖一〇八，8。器樣 G700：P69，圖一〇八，9。器樣 T330③：P29，圖一〇八，10。

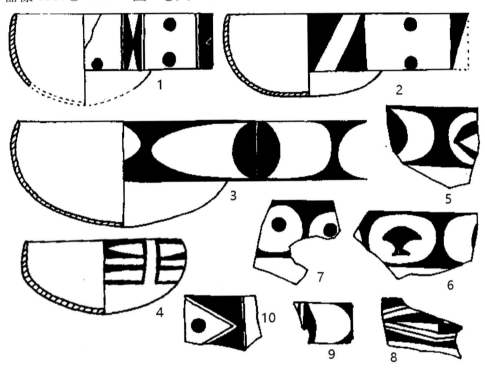

圖一〇八　狄宛第二期 B 型 II 式缽殘紋

（4）B 型 III 式與 C 型 I 式 II 式缽殘紋識見

III 式，腹淺，圜底較平緩。表面抹光。器樣 T340③：52，圖一〇九，1。腹飾對三角圖案，口徑程 20、高程 8.5cm。彩繪殘片，器樣 H210：P5，圖一〇九，2。器樣 G700：P11，圖一〇九，3。彩繪殘片，器樣 T610③：P27，圖一〇九，4。彩繪殘片，器樣 H3100：P8，圖一〇九，5。彩繪殘片，器樣 H211：168，圖一〇九，6。器樣 F234：P37，圖一〇九，7。器樣 T109③：P125，圖一〇九，8，上諸殘片繪弧邊三角、圓點、半圓、平行斜線等

構成圖案。

C型缽，雙耳。I式，口斂、唇尖圓、腹圓鼓、底渾圓。腹壁近口沿飾對稱之小環耳。腹上部飾弧邊三角、半月形、並行線、圓點等構成圖案。口徑程16～25.2、高程7.2～11.2cm。器樣F333：6，圖一〇九，9；器樣T201①：6，圖一〇九，10。口徑程16、高程7.2cm。II式，口直、唇方圓，器口見使用疤痕，腹直而深，底尖圓。上腹部飾弧邊三角、半圓、對半圓、橢圓等構成之圖案。色橙紅。口徑程18.8～23、高程8～14cm。器樣T320④：26，圖一〇九，11。器樣T1③：1，圖一〇九，12。彩繪殘片，器樣T330③：P32，圖一〇九，13。彩繪殘片，器樣H218：P23，圖一〇九，14。

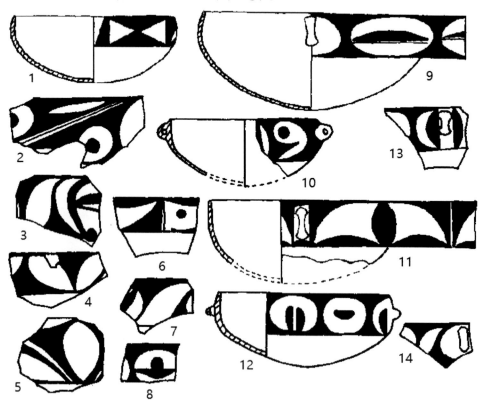

圖一〇九　狄宛第二期B型III式與C型I式II式缽殘紋

（5）A型I式B型II式盂及B型碗紋識見

掘理者器形述云：盂，A型，直口，別三式。I式，唇尖圓、腹直且深、底圓。面抹光，細泥器。器樣T700③：17，圖一一〇，1。腹飾弧三角圓點勾葉紋，口徑程12、高程6.6cm。器樣T212②：21，圖一一〇，2。腹飾三圓點

圖案，口徑程 11.5、高程 7.2cm。

　　B 型 II 式，器樣 H227：29，圖一一〇，3。口斂、唇圓、腹壁厚，腹飾不同角度之三角構成之四組圖案。口徑程 13.5、高程 6.4cm。

　　碗，B 型，口直腹曲底平。細泥紅色。器樣 F712：5，圖一一〇，4。腹飾斜三角與弧邊三角構成的圖案。口徑程 13、底徑程 7.1、高程 5.4cm。器樣 H379：109，圖一一〇，5。底殘，腹飾弧邊三角與雙半圓構成圖案。

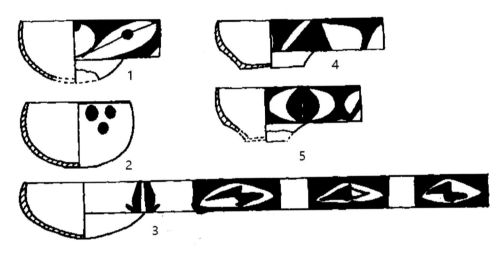

圖一一〇　狄宛第二期 A 型 I 式及 B 型 II 式盂紋與 B 型碗紋

　　（6）A 型 I 式 II 式圜底盆殘紋識見

　　掘理者言，圜底盆別三型，A 型。唇迻，面抹光，細泥紅色。I 式，口侈、唇下緣圓弧、腹較深、腹顯折。胎較厚，唇飾黑彩帶，腹飾近寫實性魚紋。器樣 H232：1，圖一一一，1，口徑程 14.8 高、程 7.6cm。器樣 QDO：174，圖一一一，2，腹飾魚紋，魚鰭增多，口徑程 17.5、高程 8.2cm。II 式，口侈、唇下緣棱分明，底尖圓，唇飾黑寬帶，腹飾變形魚紋。

　　器樣 F310：1，圖一一一，3，腹飾魚紋，魚頭呈長方形，下頜處用弧三角構圖，似牙齒之意，兩魚間用一小魚補缺，口徑程 44、高程 16.8cm。器樣 F360：14，圖一一一，4，底殘，腹飾魚紋似前，唯魚牙部別兩個弧三角，似成雙齒。口徑程 45cm。

　　器樣 T331③：P21，圖一一一，5，彩繪殘片。器樣 T327④：P29，圖一一一，6，彩繪殘片。器樣 H208：P17，圖一一一，7，彩繪殘片。器樣 T340④：P28，圖一一一，8，彩繪殘片。器樣 T7③：P9，圖一一一，9，彩繪殘

片。器樣 T331③：P22，圖一一一，10，彩繪殘片。器樣 T603①：P11，圖一
一一，11，彩繪殘片。器樣 TG4④：P14，圖一一一，12，彩繪殘片。

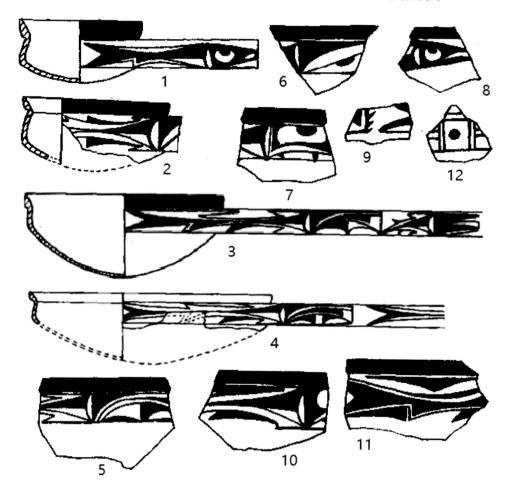

圖一一一　狄宛第二期 A 型 I 與 II 式圜底盆殘紋

（7）A 型 III 式圜底盆殘紋識見

III 式，魚紋彩繪殘片，器樣 Y301：P7，圖一一二，1。魚紋彩繪殘片，
器樣 H377：P24，圖一一二，2。器樣 T341④：30，圖一一二，3。底殘，腹
飾「較寫實」，繪有魚目、魚嘴魚紋。魚紋彩繪殘片，器樣 F233：P7，圖一一
二，4。器樣 T332③：14，圖一一二，5。唇下有棱角、腹淺而圓鼓、底緩圓。
唇飾黑彩帶。腹飾寫意魚紋。

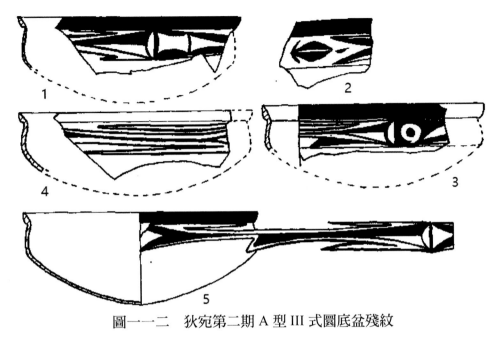

圖一一二　狄宛第二期 A 型 III 式圜底盆殘紋

（8）B 型 I 式圜底盆殘紋識見

圜底盆，B 型 I 式，圓卷沿，表面抹光，腹較深、底緩圓。器樣 F310：5，圖一一三，1。腹飾對三角、平行橫線花紋。口徑程 30.3、高程 14.1cm。器樣 H3117：10，圖一一三，2。腹飾平行錯位三角紋構成圖案。口徑程 22、高程 10.8cm。

另見彩繪殘片，有平行對三角、背三角、圓點等構成圖案。彩繪殘片，器樣 T6③：P16，圖一一三，3。器樣 K201：P2，圖一一三，4，彩繪殘片。器樣 T304④：P46，圖一一三，5，彩繪殘片。

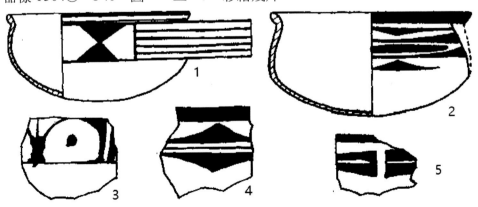

圖一一三　狄宛第二期 B 型 I 式圜底盆殘紋

（9）B 型 II 式圜底盆殘紋識見

B 型 II 式盆，口侈、唇圓卷、上腹較直、下腹微圓折。器樣 H6：1，圖一一四，1。底殘，腹飾兩層錯位三角形圖案。口徑程 40.2、高程 16.6cm。器樣 T109④：12，圖一一四，2。圖案基本同 H379：188，唯斜三角間夾斜向並行線。口徑程 24.5、高程 10cm。

器樣 H379：188，圖一一四，3。腹飾對三角或斜三角間夾圓點圖案。口徑程 32、高程 13.8cm。器樣 F310：2，圖一一四，4。腹飾中橫線分割之兩層弧三角勾葉紋圖案。口徑程 39.7、高程 14.4cm。器樣 H379：148，圖一一四，5。腹飾弧邊三角、圓點、對半圓構成圖案。口徑程 35.5、高程 13.6cm。

器樣 H379：124，圖一一四，6。腹飾中橫線分割之兩層弧三角勾葉紋，口徑程 34.5、高程 13.2cm。彩繪殘片，器樣 H389：P23，圖一一四，7。彩繪殘片，器樣 H379：P187，圖一一四，8。

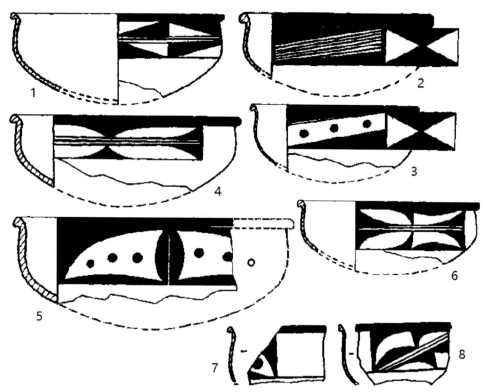

圖一一四　狄宛第二期 B 型 II 式盆圜底盆殘紋

（10）B 型 III 式圜底盆殘紋識見

B 型 III 式盆，口侈，唇外卷幅較大、腹深且微鼓、底圜。三角、圓點、

並行線構圖頻見，多繪寫意魚紋。間或補以弧三角紋。

　　器樣 F234：27，圖一一五，1。底殘，腹飾橫中分交錯三角構成之幾何圖案，口徑程 39.4cm。器樣 F11：3，圖一一五，2。底殘，腹飾三組橫中分式弧三角勾葉紋圖案。口徑程 44cm。器樣 K707：1，圖一一五，3。底殘，腹飾寫意魚紋與弧三角、圓點等構成圖案。口徑程 43.2cm。器樣 H379：156，圖一一五，4。腹飾弧三角構成圓圈，內填半圓或覆半圓構成圖案。口徑程 38.3、高程 15.7cm。器樣 H227：22，圖一一五，5。腹飾兩條寫意魚紋，間空補以弧三角紋。口徑程 23、高程 10.3cm。

　　後四殘片繪弧三角、圓點等構成圖案。彩繪殘片，器樣 H390：P21，圖一一五，6。彩繪殘片，器樣 F341：P23，圖一一五，7。彩繪殘片，器樣 F356：P25，圖一一五，8。彩繪殘片，器樣 H253：P36，圖一一五，9。

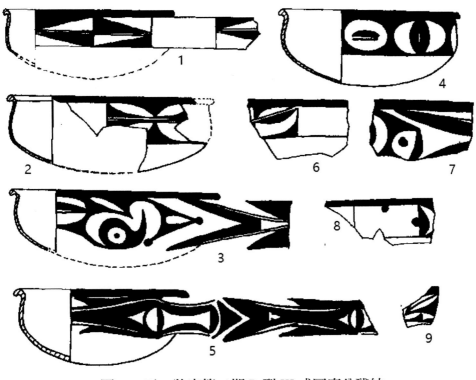

圖一一五　狄宛第二期 B 型 III 式圓底盆殘紋

（11）B 型 IV 式圓底盆殘紋識見

　　IV 式，口侈甚，唇外卷呈內勾狀，腹淺。腹飾寫意魚紋。器樣 F1：2，圖一一六，1。腹飾寫意魚紋兩條，內底部有紅彩漩渦紋痕。口徑程 48、高程

14.4cm。彩繪殘片多以三角構圖。彩繪殘片，器樣 T361④：P33，圖一一六，2。彩繪殘片，器樣 T602③：P14，圖一一六，3。彩繪殘片，器樣 H379：P47，圖一一六，4。彩繪殘片，器樣 F320：P8，圖一一六，5。彩繪殘片，器樣 H709：P32，圖一一六，6。

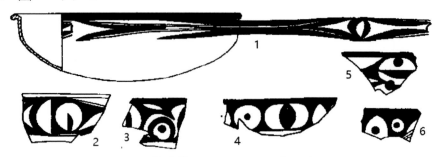

圖一一六　狄宛第二期 B 型 IV 式圜底盆殘紋

（12）B 型 V 式圜底盆殘紋識見

V 式，口侈甚，唇外卷內勾、腹淺、底圜。器樣 T339③：53，圖一一七，1。底殘，腹飾對三角、弧三角、圓點、斜並行線等構成之連續圖案。口徑程 44cm。

器樣 F707：15，圖一一七，2。腹飾兩條寫意魚紋，魚鰭尖長。兩魚間填以橄欖狀圖案。口徑程 47.9、高程 15.2cm。

器樣 H211：P168，圖一一七，3。底殘，腹飾寫意魚紋，魚鰭細長，似條狀。口徑程 51cm。

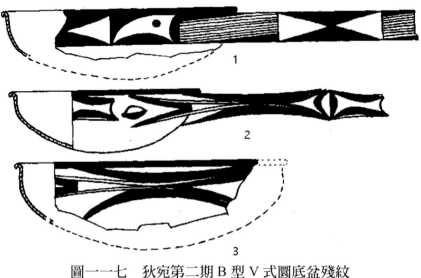

圖一一七　狄宛第二期 B 型 V 式圜底盆殘紋

（13）C型圜底盆殘紋識見

C型盆，沿卷而寬。I式，沿寬呈圓弧，唇卷而厚，口沿飾黑彩。器樣F222：P6，圖一一八，1。沿飾連續弧三角、圓點紋。

II式，沿寬斜弧狀，唇厚下迭而圓鼓，口沿飾黑彩，也見腹飾黑彩者。器樣H379：P189，圖一一八，2。

彩繪殘片2件，用弧三角、對三角、圓點等構成連續圖案。II式，器樣T109④：P84，圖一一八，3。彩繪殘片，II式，器樣T212④：P32，圖一一八，4。

III式，沿較窄且斜弧平，唇較薄而卷，口沿多飾黑彩，也見腹飾黑彩者。器樣H211：29，圖一一八，5，沿飾弧三角連續勾葉紋。口徑程31.2、高程10.8cm。III式，器樣G700：P43，圖一一八，6。彩繪殘片，以弧三角、弧線等構成圖案。

IV式，沿窄平，唇較小且薄而卷，有一些腹飾黑彩。器樣T711④：P26，圖一一八，7，彩繪殘片。IV式，器樣F711：P16，圖一一八，8。彩繪殘片。以弧三角、對三角、圓點等構圖。IV式，器樣T109③：P41，圖一一八，9。彩繪殘片。

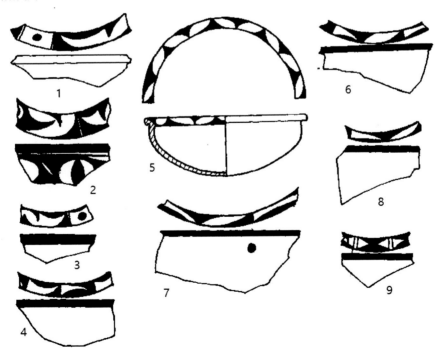

圖一一八　狄宛第二期C型圜底盆殘紋

（14）A 與 B 型平底盆殘紋識見

平底盆，口侈沿卷。A 型，腹曲小底平。A 型，器樣 F1：4，圖一一九，1。腹深且鼓，底小而平且內凹。腹飾弧邊三角、圓點、斜弧線等構圖。口徑程 20.8、底徑程 7.2、高程 12.4cm。A 型，器樣 T700③：19，圖一一九，2。腹深、底殘。腹飾弧邊三角、圓點、圓圈、斜並行線等構圖。口徑程 23.2、高程 12.4cm。彩繪殘片首以弧三角、圓點、半圓、斜線等構圖。A 型，彩繪殘片，器樣 T342③：P14，圖一一九，3。A 型，彩繪殘片，器樣 T342③：P15，圖一一九，4。A 型，彩繪殘片，器樣 T109③：P80，圖一一九，5。

B 型，沿寬唇卷。曲腹、小平底微內凹，細泥紅色。器樣 F709：23，圖一一九，6。腹淺且下微曲，沿上飾弧線與弧邊三角連續圖案，腹飾對三角、月牙弧、圓點等構圖。口徑程 42.2、底徑程 13.5、高程 19.1cm。器樣 F324：3，圖一一九，7。腹深下曲，沿上飾弧線與三角連成圖案。腹飾弧三角構成圓圈，內填以圓點、仰半月、平行橫線等。

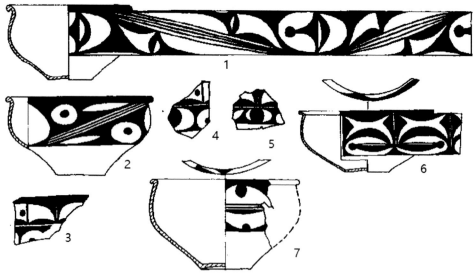

圖一一九　狄宛第二期 A、B 型平底盆殘紋

（15）平底瓶紋識見

A 型 I 式器樣 QDO：19，口側塑人面平底瓶。I 式，口侈、唇尖，頸高微鼓，肩溜腹鼓且下微曲，小平底。雙腹耳殘，頸部係一人頭形雕塑。一側雕出人面。器口部刻畫一周豎道短髮，一耳有穿。鼻樑凸，戳出兩鼻孔、雙目鏤孔，口部劃刻而成。面部清秀，比例合理。肩腹部以黑彩繪三層圖案。皆以弧

邊三角、月牙、斜並行線等構成。口徑程 4、底徑程 6.6、高程 29cm，圖一二
○。今將原圖左旋 90°便後檢釋。

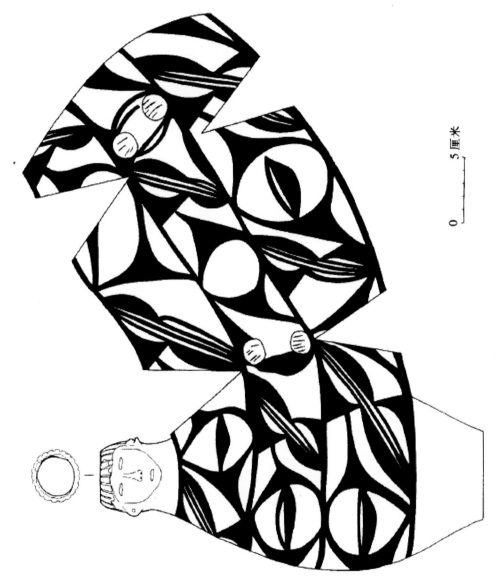

5 厘米

0

圖一二○　狄宛第二期 QDO：19 瓶口側塑人面器紋

（16）細頸壺頭與器座紋識見

細頸壺，A 型 I 式，器樣 G300：P14，圖一二一，1。頭似杵，腹折。頭
部斂口，頂弧狀，頸斜收，頸腹塗黑彩，頂以橫線、弧三角等構圖。

A 型 I 式器座，器樣 T307②：5，圖一二一，2。上下口侈，唇圓、腹弧。

唇口飾黑彩。口徑程 20.8、底徑程 21.8、高程 13.2cm。

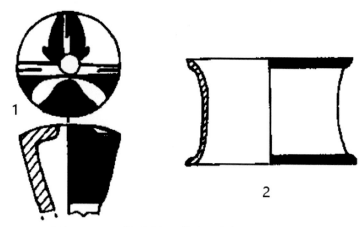

圖一二一　狄宛第二期細頸壺頭與器座紋

（17）生活類器殘紋識見要括

　　發掘者總要第二期「生活」類瓦器彩繪曰：彩繪盛行，自早期向晚期漸增。施彩以黑色為主，紅彩少，僅見於器物內底面。彩繪多施於缽、盆、盂器面，盆形器施彩最多。瓶、碗、盤、器蓋與器座皆有彩繪。彩繪多集於器外壁上腹部與盆口沿部。紋飾多幾何花紋。僅見較少動物形花紋，罕見人面紋。幾何花紋以各種母題組合構圖。

　　條帶紋最多，別為窄帶紋、寬帶紋。圓點紋多在其他圖案中起填充、定點作用。有時與弧邊三角或垂弧組合構圖。被一些人視為視為鳥紋（揭前器樣 F1：4，）。直線紋頻見。以斜行並行線填充於兩對邊三角形中，譬如器樣 T109④：12。偏早階段用橫並行線，器樣 F310：5。盆形器面能見橫行、豎行直線組合。單獨直線用於其他團附屬或補充，譬如器樣 F333：6。也能見直行或橫行數條直線在組合圖案起分隔作用，器樣 H6：1。第二期稍晚某種直線紋以數條斜行且有弧度，而成近直線紋，與垂弧、三角紋組成紋飾，器樣 QDO：19。直邊三角紋頻見。三條邊線平置，使用兩兩相對構圖。或上下以角相對，或以邊相對，或斜邊相對，或一上一下，以斜邊對直邊，譬如器樣 H6：1。或以斜邊對斜邊。也見兩角相對接之例，譬如器樣 H227：29。弧邊三角紋頻見，別三類。第一，僅一邊為內弧，兩弧邊三角紋相向對接，形成葉片狀空白紅地，譬如器樣 H379：124；或一個弧邊三角與一條凸弧紋、一個半月形紋相接，形成葉片狀空白，譬如器樣 H379：148。或左右代替。第二類系雙弧邊又即雙內凹三角紋，上下相對，譬如器樣 F310：2。也見上下相錯上下左右四個

雙弧邊三角紋相接，形成圓形空白，譬如器樣 H379：156。第三類為三邊皆內弧，見於稍晚階段複雜組合圖案，譬如器樣 F1：4。垂弧紋，上部平齊，下部為近月牙狀垂弧。多飾於圓圈空白處。稍早階段僅為一垂弧，譬如器樣 T1③：1。垂弧紋多正面放置，也見斜置，以便構圖。也見它與圓點、直線組合圖案。器樣 F709：23。

　　凸弧紋頻見。下部平齊。上部隆起為一月牙凸弧，弧下加飾一直線，譬如器樣 F333：6。側弧紋也頻見。一側平齊，另側是半月狀凸弧，能兩兩相對，向兩側凸出，譬如器樣 H379：139。它頻見於空白形成之圓圈內，為填充圖案。能與弧邊三角紋相聯，為點綴，或與圓點、弧邊三角組合，器樣 F1：4。也見圖案兩側弧拼合成一橄欖形紋，器樣 T320④：26。

　　圓圈紋較少，以黑彩繪一圓圈，內加飾一圓點，多與其他圖案組合，譬如器樣 T602③：P14。也見圓圈帶一向上的彎鉤，器樣 K707：1。頻見對頂弧邊三角紋形成的空白紅地圓圈或橢圓，譬如器樣 H379：139。菱形紋較少。以雙線繪菱形，內填充圓點或其他紋飾，譬如 F245：P10。豆莢紋較少。由弧邊三角紋斜向相接，形成豆莢形紅白紅地，莢中飾一對角斜線，線中段加飾一圓點，譬如器樣 T700③：17。弧線紋較少，偶與一半圓紋組合為半明半暗之橄欖形團，譬如器樣 T223③：5。偶與垂弧紋配作兩個弧三角紋形成之圓圈內填充圖案。

　　魚紋多為寫實形魚紋。變體魚紋稍。一般呈二方連續橫條形始於器腹。也見用小魚或其他勾葉圖案填補兩魚間空缺，譬如器樣 F310：1。

　　（18）殊殘紋識見

　　另見特殊魚紋，器樣 H342：P3，似瓶腹片，外飾弧形魚尾紋，似魚跳躍圖案。動物紋僅見於兩殘片，黑彩。器樣 T306③：P61，圖一二二，1，腹飾圓鼻孔，或圓眼睛，尾巴倒卷。器樣 T306③：P62，圖一二二，2，兩眼以及斑紋軀幹。

　　人面紋僅見於殘片面上。黑彩繪抽象之人面圖，口、眼、鼻俱全，並繪出睜一眼、閉一眼表情，器樣 T306③：P28，圖一二二，3，係人面圖案。

　　器樣 T200②：P21，圖一二二，4，繪近長方形鼻頭內空兩圓圈，圈內各填一圓點似鼻孔，上部一眼閉，一眼殘缺。

　　另見內壁彩繪，器樣 T306③：P60，圖一二二，5。缽有豎環耳，殘片。耳周圍繪弧邊三角與直線組成圖案。器樣 F245：P10，圖一二二，6。

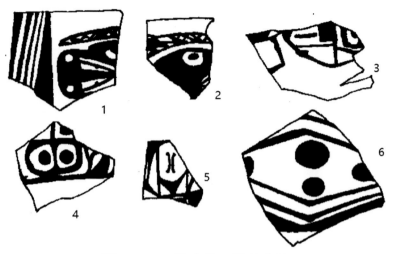

圖一二二　狄宛第二期殊殘紋

（19）瓦線陀與瓦刀施彩識見

　　發掘者在「生產工具」下，述有彩器云：紡輪（瓦線陀），A 型 I 式，器樣 T218③：10，圖一二三，1。用寬帶彩缽口沿偏改造。紅色。器樣 G300：49，圖一二三，2。正面為寬帶紋。

　　II 式，器樣 T109②：1，圖一二三，3。正面大部黑彩，紅底。II 式，器樣 H204：1，圖一二三，4。正面有魚紋（頭部）。II 式，器樣 T109④：8，圖一二三，5，無穿孔。正面有黑條帶紋。紅瓦。直徑程 2.7、厚 0.5cm。正面有黑條帶紋。器樣 F330：1，圖一二三，6。

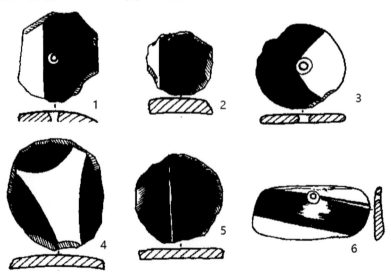

圖一二三　狄宛第二期瓦線陀與瓦刀紋

（20）瓦銼與橢圓瓦片識見

瓦銼，起出 175 件。器樣 F383：2，圖一二四，1。器樣 F322：16，圖一二四，2，器樣 T318③：21，圖一二四，3。器樣 F321：11，圖一二四，4。器樣 F321：10，圖一二四，5。器樣 T302④：32，圖一二四，6。器樣 H379：85，圖一二四，7。器樣 T306③：17，圖一二四，10。

磨光瓦片，起出 11 件，或橢圓或三角狀，此處僅取橢圓狀。器樣 F202：20，圖一二四，8。器樣 T710②：1，圖一二四，9。

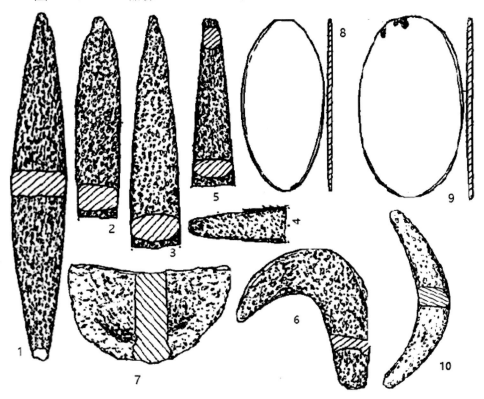

圖一二四　狄宛第二期瓦銼瓦片

（21）骨錐狀器識見

狄宛第二期地層起出殘環甚夥（《發掘報告》上冊，第 188 頁），不再撮錄。發掘者言，中空「筆帽器」二件。器樣 F305：24，中空圓錐體，圖一二五，1。器樣 T109③：75。基部有小坑，長程 149mm，底徑程 11.5 毫米，圖一二五，2。

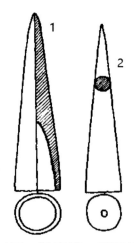

圖一二五　狄宛第二期骨錐狀器

（22）起自葬闕盂盆紋識見

葬闕起出瓦器彩繪：盂、盆、葫蘆瓶、細頸瓶、缽、盆等器，以及彩繪殘片等。盂，器樣 M18：1，圖一二六，1。

盆，A 型，唇迻。II 式，器樣 M206：2，圖一二六，2。大侈口、腹外鼓、圜底。唇飾黑彩帶，腹飾兩方變體寫意魚紋。魚頭呈近三角形。魚身多單線。口徑程 40、高程 14cm。I 式，器樣 M218：1，圖一二六，3。腹壁直，下腹內折，呈圜底。唇飾黑彩帶，腹飾兩方連續寫意魚紋。魚頭長方，由三個弧邊三角紋構成。魚身由單線與三角紋構成。兩魚間增繪一魚尾狀紋。口徑程 44.1、高程 15.1cm。

B 型，器樣 M302：1，圖一二六，4。寬沿盆。唇卷。頸內折、腹圓鼓、圜底。唇飾黑彩，沿上四方連續條帶紋，間隔處加飾圓點。腹部素面。口徑程 39.4、高程 12.5cn。

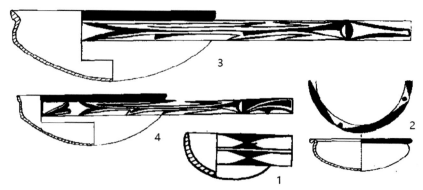

圖一二六　狄宛第二期起自葬闕盂盆紋

（23）葫蘆瓶壺紋識見

葫蘆瓶，III 式，器樣 M202：5，圖一二七，1。口斂、唇圓、頸微鼓、腰較細、腹鼓而下垂微曲，小平底有渦形印紋，頸部飾黑彩寬帶。底徑程 7.1、高程 21cm。II 式，器樣 M216：1，圖一二七，2。頸微鼓、腰較細、腹微下垂、底小而平。頸飾黑彩寬帶。底徑程 7.2、高程 24.4cm。I 式，器樣 M220：1，圖一二七，3。口小而尖、唇圓、頸與腹圓鼓、束腰、底下而平。頸飾黑彩寬帶。底徑程 6.5、高程 21.6cm。

細頸壺，I 式，器樣 M222：2，圖一二七，4。盤形頭，小口微侈、頸細長，腹外鼓內折收成小平底，唇邊飾黑彩，肩即腹折處各飾一條黑帶。間飾斜向黑彩條紋。口徑程 7.6、底徑程 7.8、高程 18.8cm。III 式，器樣 M1：1，圖一二七，5。杵頭形。圓弧頂邊緣凸出，頸細短而肩溜，腹鼓下曲，小平底，頂飾四分三角紋，腹飾上下交錯三角紋。底徑程 3.5、高程 13cm。

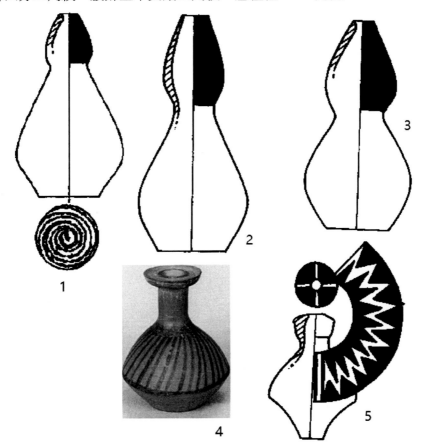

圖一二七　狄宛第二期起自葬闕瓶壺紋

3）狄宛第三期器殘紋識見

（1）A型I式缽殘紋識見

第三期生活用具下，發掘者述，「平面紋飾僅彩陶一種，角大多數為黑彩，出現個別飾紅、黑、白三彩的陶器」。彩陶較之第二期更多，圖案更複雜。

A型I式缽，口斂甚、唇厚圓、鼓肩、收腹，腹較淺而下微曲。小底內凹。器樣T339③：55，圖一二八，1。口飾黑彩邊，肩飾黑圓點。口徑程34.5、底徑程9.8、高程12.9。彩繪殘片，器樣T301②：P6，圖一二八，2。彩繪殘片，器樣H392：P20，圖一二八，3。彩繪殘片，器樣T309③：P23，圖一二八，4。彩繪殘片，器樣T344③：P25，圖一二八，5。彩繪殘片，器樣H373：P28，圖一二八，6。彩繪殘片，器樣H211：P65，圖一二八，7，皆器彩繪殘片，腹飾弧邊三角、斜弧線、圓點等構圖。II式缽，後皆彩繪殘片，器樣T702②：P41，圖一二八，8。器樣T707③：P30，圖一二八，9。器樣T305③：P46，圖一二八，10。器樣T702②：P32，圖一二八，11。器樣T344③：P54，圖一二八，12。

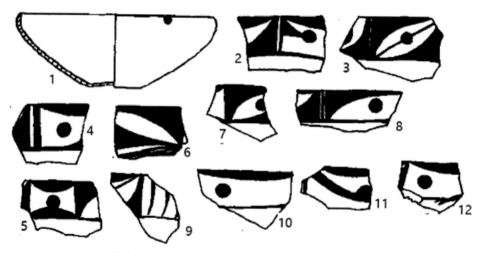

圖一二八　狄宛第三期A型I式缽殘紋

（2）C型殘缽紋識見

C型缽，細泥紅色瓦片。腹飾弧邊三角、圓點、圓圈、葉瓣等構圖。

器樣H700：P45，圖一二九，1。器樣H302：P30，圖一二九，2。器樣QDO：P312，圖一二九，3。器樣F377：P22，圖一二九，4。器樣T12①：P9，圖一二九，5。器樣T343③：P54，圖一二九，6。器樣T343③：P61，圖一二九，7。器樣QDO：P31，圖一二九，8。器樣T344②：P27，圖一二九，

9。器樣 T344②：P38，圖一二九，10。器樣 T342②：P24，圖一二九，11。器樣 T342③：P50，圖一二九，12。

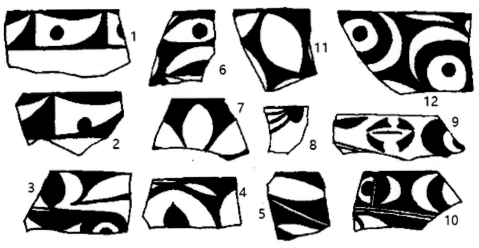

圖一二九　狄宛第三期 C 型殘缽紋

（3）D 型殘缽紋識見

D 型，口斂唇圓腹深。腹飾弧邊三角、圓點、圓圈、勾葉等構圖。器樣 T342③：P49，圖一三〇，1。器樣 T343③：P50，圖一三〇，2。器樣 T605 ①：P21，圖一三〇，3。器樣 T342③：P51，圖一三〇，4。

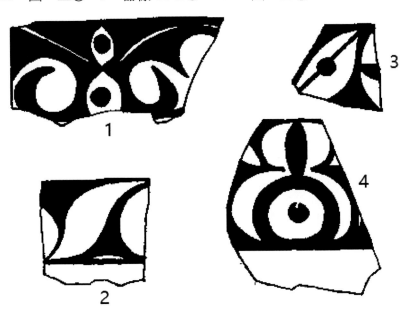

圖一三〇　狄宛第三期 D 型殘缽紋

（4）A 型曲腹盆殘紋識見

盆。侈口卷唇盆，器樣 T107②：3，圖一三一，1。口微侈、唇圓而卷、壁弧狀、下腹圓。底殘。腹飾圓點與魚尾構成某種變體魚紋，魚尾弧度較大。口徑程 42cm。

曲腹小平底盆，A 型 I 式，器樣 F330：24，圖一三一，2。上腹較直、下腹微曲。腹飾連續圓圈內填以勾葉、圓點、弧三角、重弧紋等圖案。口徑程 33.8、底徑程 11.3、高程 15cm。

II 式，束頸、腹曲較深。器樣 F330：40，圖一三一，3。腹飾弧三角連勾葉、圓圈內填豆莢、圓點等圖案。口徑程 25、底徑程 9.2、高程 14.8cm。

I 式彩繪殘片，器樣 T305③：P52，圖一三一，4。II 式，器樣 F704：14，圖一三一，5。腹飾弧三角連勾葉、弧三角連圓點、圓圈內填豆莢與圓點紋構圖。底殘。口徑程 35cm。

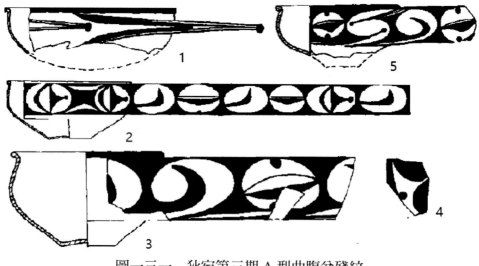

圖一三一　狄宛第三期 A 型曲腹盆殘紋

（5）B 型曲腹盆殘紋識見

B 型曲腹盆，器樣 F330：46，圖一三二，1，口斂、沿寬弧面、唇圓、腹曲。沿飾弧三角勾葉，腹飾弧三角連勾葉、圓圈、圓點、豆莢、弧線等構圖。口徑程 34.3cm。器樣 F321：P20，圖一三二，2。I 式，器樣 H703：P36，圖一三二，3。I 式彩繪殘片，器樣 T340②：P36，圖一三二，4。

I 式，器樣 TG3③：1，圖一三二，5，構圖如 F330：46。口徑程 28.5、底徑程 10.5、高程 15.6cm。器殘部，器樣 T304③：P42，圖一三二，6。

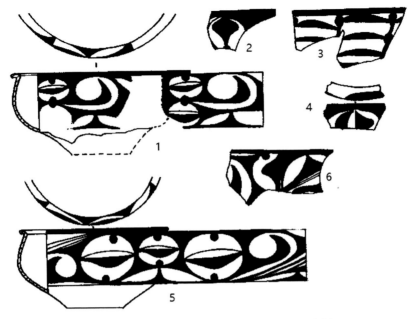

圖一三二　狄宛第三期 B 型曲腹盆殘紋

（6）C 型曲腹盆殘紋識見

　　C 型曲腹盆。I 式，器樣 T309③：11，圖一三三，1。唇厚而卷，腹較深微鼓，細泥紅色。腹飾弧邊三角連勾葉、重弧、圓點等構成迴旋勾連紋圖。口徑程 36、底徑程 11.5、高程 18cm。I 式，器樣 H302：6，底殘，圖案似 T309③：11，圖一三三，2。II 式，器樣 H302：5，圖一三三，3，唇薄而卷，腹較深且鼓出，細泥紅色。腹飾凸弧與圓點組成似雁群橫飛紋飾。口徑程 34.4、底徑程 10.8、高程 21.6cm。彩繪殘片，器樣 T300③：P38，圖一三三，4。

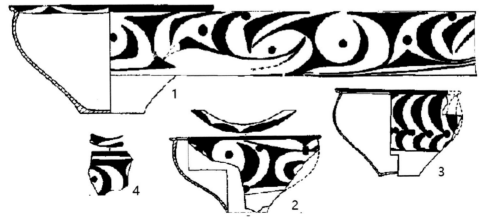

圖一三三　狄宛第三期 C 型曲腹盆殘紋之一

III 式，器樣 T314③：16，圖一三四，1。唇薄而卷，腹深較鼓，細泥紅色。束頸、腹鼓而下垂，底小而內凹。腹飾弧三角、圓點、葉瓣構圖。殘口徑程 20、底徑程 9.3、高程 16.6cm。

IV 式，器樣 TG5③：20，圖一三四，2。口侈、頸束。上腹圓鼓下腹曲，小平底。細泥橙黃色。腹殘，腹飾弧三角、圓點構成花瓣狀圖案。IV 式，器樣 T210③：38，圖一三四，3。口侈、頸束。上腹圓鼓下腹曲，小平底，細泥橙黃色。腹飾兩方連續橢圓連環形網格紋。口徑程 30、底徑程 13.2、高程 25.7cm。

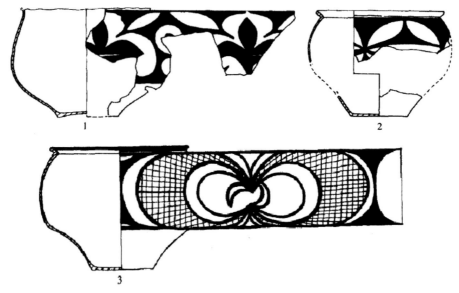

圖一三四　狄宛第三期 C 型曲腹盆殘紋之二

（7）殊殘紋識見

此外，發掘者述某種特殊瓦片，即彩繪殘片。盆、缽類腹片選出差異圖案瓦片。另見三彩瓦片 2 件，紅、黑、白三色。後撮取圖皆彩繪殘片。

器樣 H704：P2，圖一三五，1。器樣 T602②：P4，圖一三五，2。器樣 T211③：P20，圖一三五，3。器樣 T109②：P103，圖一三五，4。器樣 F383：P9，圖一三五，5。

器樣 QDO：P12，圖一三五，6。器樣 H375：P20，圖一三五，7。器樣 T301②：P1，圖一三五，8。器樣 T605①：P16，圖一三五，9〔註63〕。

〔註63〕甘肅省文物考古研究所：《秦安大地灣——新石器時代遺址發掘報告》（上冊），文物出版社，2006 年，第 33 頁～第 336 頁。

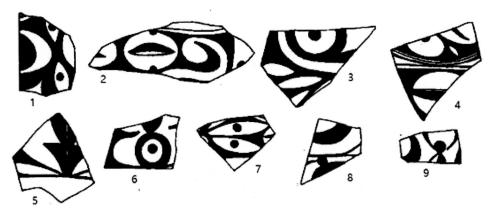

圖一三五　狄宛第三期殘紋

4. 武都大李家坪新安太澗垣曲小趙及新安槐林與扶風案板遺址掘理者識見

1）大李家坪與太澗遺址掘理者識見

（1）大李家坪遺址掘理者識見

1995 年北京大學考古系與甘肅省考古研究所聯合考古隊發掘了甘肅武都縣大李家坪遺址。起出物含仰韶文化遺物。其第一期遺物有殘瓦彩繪，紅底黑彩。

缽，方唇或圓唇，近直口，深弧腹，圜底或近平底。體較大。譬如，器樣 AH1：1，圖一三六，1。磚紅色，上施灰白彩，腹部有一道凹弦紋。口徑程 30、高程約 16.8cm。器樣 AH1：6，磚紅色。上施黑彩，圖一三六，2。

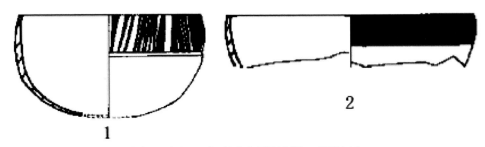

圖一三六　大李家坪遺址第一期缽紋

此遺址也起出面有彩繪之瓦器，譬如敞口缽、折沿盆、直口罐等。諸器屬第二期遺物。缽，器樣 MH16：3。磚紅色，內施黑彩。口徑程 17.6、底徑程 3.2、高程 7.2cm，圖一三七。

圖一三七　大李家坪遺址第二期鉢紋

盆，器樣 MH16：5，卷沿、圓唇、曲腹、平底。磚紅色，施黑彩。圖案由圓點、弧線、弧邊三角形等構成。口徑程 24～32cm，圖一三八。

圖一三八　大李家坪遺址第二期殘盆紋

器樣 MH16：1，折沿、平底微內凹。口徑程 26.8、底徑程 10.8cm、高程 13.6cm，圖一三九。

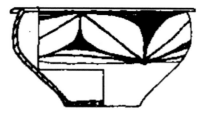

圖一三九　大李家坪遺址第二期盆紋之一

盆下有「雙錾盆」。俱磚紅色。其一上施黑彩，圖案由圓點、弧線、弧邊三角形構成。器樣 MH16：2，口徑程 27.6、底徑程 10.4、高程 11.8cm，圖一四〇。

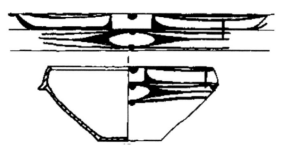

圖一四〇　大李家坪遺址第二期盆紋之二

其二，器樣 AT③：4，曲腹、平底、磚紅色。上施圓點、弧線紋黑彩。口徑程 28cm，圖一四一〔註64〕。

圖一四一　　大李家坪遺址第二期殘盆紋

（2）太澗遺址掘理者識見

洛陽市文物工作隊、新安縣文物保護管理所於 1995 年秋迄 1996 年春，發掘了太澗遺址。此遺址第一期文化遺存不多。起出彩陶曲腹盆似廟底溝遺址 H47：41，彩陶缽與廟底溝 H325：11 相似。此遺址第一期屬仰韶文化廟底溝類型。此遺址起出瓦器以泥質為主。「紋飾有彩繪、線紋、弦紋和籃紋」。

彩陶曲腹盆 1 件，器樣 H17：1，紅泥瓦器。斂口、平折沿、厚圓唇、下腹內收、小平底。上部有紅衣，口沿飾黑彩一周，上腹由內弧三角與圓點組成黑彩圖案。口徑程 32、底徑程 12、高程 18.5cm，圖一四二，1。彩陶缽 1 件，器樣 H17：3。下部殘，紅泥陶。斂口、圓唇。口部飾一周黑彩。口徑程 24cm，圖一四二，2〔註65〕。

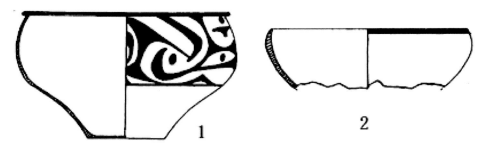

圖一四二　　新安縣太澗遺址曲腹盆與殘缽紋

〔註64〕北京大學考古系、甘肅省文物考古研究所：《甘肅武都縣大李家坪新石器時代遺址發掘報告》，《考古學集刊》第 13 集，中國大百科全書出版社，2000 年，第 9 頁～第 11 頁。

〔註65〕洛陽市文物工作隊、新安縣文物保護管理所：《河南新安縣太澗遺址發掘簡報——黃河小浪底水庫湮沒區考古發掘簡報之一》，《考古與文物》1998 年第 1 期。

2）垣曲小趙新安槐林與扶風案板遺址掘理者識見

（1）小趙遺址器殘紋識見

1996 年 10 月初迄 11 月中旬，發掘者在垣曲小趙遺址發掘，起出仰韶時期器物。他們述瓦器彩紋曰：折沿盆口腹殘片，敞口、寬沿近平、腹壁較直。器樣 IT2④：4，沿面及腹塗白衣，以褐彩繪紋飾。沿面繪弧邊三角形與月牙紋，腹壁繪寫實魚紋。魚頭呈三角形，魚身前寬後窄，有腹鰭。魚鱗以網格表示，近背上半部魚鱗色深，近肚下半部魚鱗色淺。魚尾如剪刀分叉狀。口徑程 25、殘高程 8cm，圖一四三，1。

鉢，皆大口、平底，器樣 H28：8，口微斂、上腹圓鼓、下腹內曲。上腹飾黑彩弧邊三角紋、橫楨紋、圓點紋。口徑程 22.5、底徑程 11、高程 10.8cm，圖一四三，2。器樣 H32：5，底殘，腹飾黑彩弧邊三角紋、弧線圓點紋。口徑程 28.4cm，圖一四三，3，其彩紋展開，圖一四三，4。

器樣 H32：4，斂口、鼓肩、腹斜直，器身較高。褐色泥陶。口部有黑彩窄帶紋。口附近有一對修補裂縫曾鑽孔。口徑程 26、底徑程 11.2、高程 14.5cm，後圖一四三，5。器樣 H34：8，底殘，腹飾黑彩弧邊三角紋、弧線圓點紋，口徑程 28.4cm，圖一四三，6，其彩紋平展見圖一四三，7。

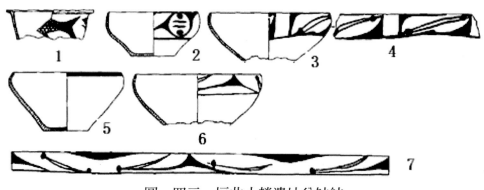

圖一四三　垣曲小趙遺址盆鉢紋

甕，多泥質，夾砂器寡。皆斂口、厚窄唇、圓肩、斜直深腹，平底。其一，肩部圓鼓，唇面較圓，器樣 H34：5，肩飾黑彩弧邊三角紋、橫楨紋、圓點紋。彩紋空間形成葉狀或勾連葉狀，及月牙狀。口徑程 24.5、肩徑程 44cm，圖一四四，1。

其二，肩部圓而近折，呈圓角狀，紅泥陶，器樣 H11：3，口肩小部變形下陷。口飾黑彩窄帶紋。肩飾彎月紋、圓點紋、弧邊三角紋、橫楨紋、火焰紋

及弧線紋。口徑程 23.3、底徑程 14.5、高程 30.5cm，圖一四四，2。

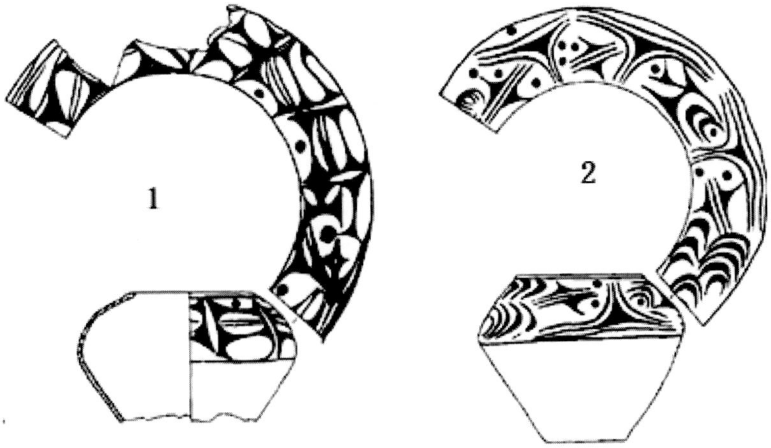

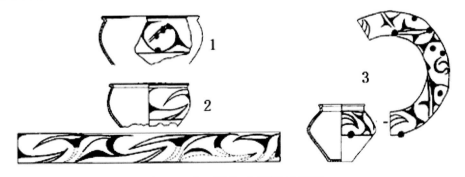

圖一四四　垣曲小趙遺址甕紋

罐，多紅泥陶，寡見灰泥陶。罐殘片，斜平沿，肩外鼓出，器樣 H23：5，肩飾黑彩弧邊三角紋及雙線圓點紋。口徑程 26cm，圖一四五，1。

罐復原一件，大口、圓肩、貌似盆，肩徑程大於口徑程，腹較深，器樣 H9：4，窄沿卷、肩塗白衣，飾黑彩彎弓紋、弧邊三角紋及弧線紋。彩紋使空間形成勾連葉狀與牽牛花狀。口徑程 24.3 殘高程 12.8cm，圖一四五，2，其下係彩紋平展。罐，折肩，器樣 H34：10，直口、圓唇、短直徑、寬折肩、斜直深腹、小平底，肩飾黑彩對角弧邊三角紋、對邊弧邊三角紋、彎月紋、弧線紋與圓點紋。口徑程 14.2、底徑 7.5、高程 17.1cm，圖一四五，3，其右側係彩紋平展〔註66〕。

圖一四五　垣曲小趙遺址罐紋

〔註66〕中國社會科學院考古研究所山西工作隊：《山西垣曲小趙遺址 1996 年發掘報告》，《考古學報》2001 年第 2 期。

（2）槐林窯址器殘紋識見

河南省文物考古研究所於 1996 年發掘了新安縣槐林遺址，揭露一座仰韶文化瓦窯（Y1）。在窯底室清理了一層殘瓦，推測係最後燒窯殘留。此外，在曆闕 H8 也起出瓦片或瓦器。各含彩陶。

某種盆，圓唇、折沿、弧腹、小平底。器樣 Y1：6，泥質紅陶。口沿上黑彩繪斜三角紋和扁半圓形紋，中上腹繪斜三角紋、空心勾葉紋和斜線紋。口徑程 33、底徑程 9.3、高程 14.7cm，圖一四六，1。同種另一盆，器樣 H8：4，泥質紅陶。下腹內曲。「口沿與中上腹部繪黑彩」，口沿上繪斜三角紋與扁半圓形紋，中上腹繪弧線三角紋、勾葉紋與圓點紋。口徑程 36.6、底徑程 9.6、高程 15.8cm，圖一四六，2。同類盆第三，器樣 H8：9，紅泥陶。口沿、腹部施黑彩繪扁半圓形紋、勾葉紋與弧線紋。口徑程 36.3cm，圖一四六，3。另類型盆，圓鼓腹。器樣 H8：7，泥陶淺紅色。卷沿。口沿上圖黑彩，器表中上腹施白衣，其上用黑彩繪圓圈紋、弧線三角紋與線紋。口徑程 24.8cm，圖一四六，4〔註67〕。

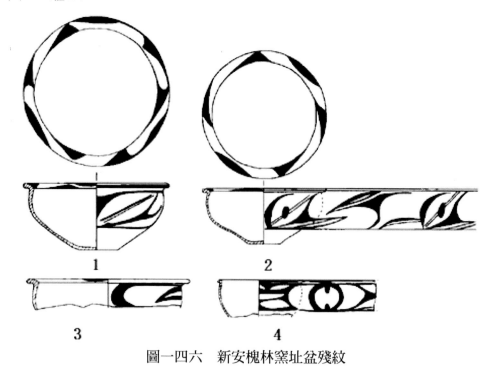

1　　　　2

3　　　　4

圖一四六　新安槐林窯址盆殘紋

〔註67〕河南省文物考古研究所：《河南新安縣槐林遺址仰韶文化陶窯的清理》，《考古》2002 年第 5 期。

（3）扶風案板遺址掘理者識見

1997 年，寶雞市考古工作隊在扶風案板遺址起出第一期遺存之殘瓦器彩繪。今撮錄三殘器彩繪陳述。器樣 H4：40，斂口。口沿飾以黑彩，腹飾黑彩鳥銜圓點（太陽？）紋，圖一四七，1。口徑程 28cm。器樣 H4：42，泥質紅陶。寬卷沿。外沿黑彩，腹飾圓點弧線三角紋。口徑程 36cm。圖一四七，2。器樣 H4：41，泥質紅陶。斂口、沿外侈，內唇尖，外唇圓。唇沿外圍一周黑彩。腹飾圓點弧線三角勾葉紋。口徑程 36cm。圖一四七，3〔註68〕。

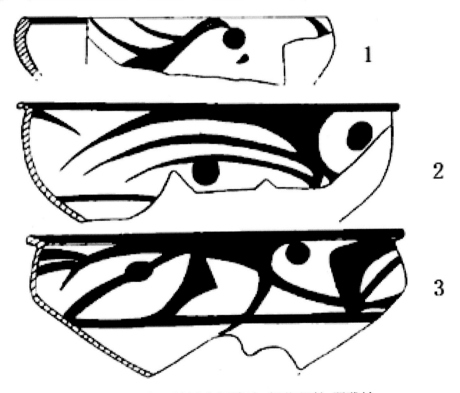

圖一四七　扶風案板遺址（下河區）器殘紋

（七）新世紀初迄今掘理者器殘紋識見

1. 西峽老墳崗寶雞關桃園邠縣水北器殘紋識見

1）老墳崗與關桃園遺址器殘紋識見

（1）老墳崗遺址器殘紋識見

2000 年 10 月迄 2001 年 4 月，河南省文物考古所、南陽市文物考古所發

〔註68〕寶雞市考古工作隊：《陝西扶風案板遺址（下河區）發掘簡報》，《考古與文物》
　　　2003 年第 5 期。

掘了西峽縣老墳崗遺址。他們在此遺址仰韶文化地層起出若干彩陶片。此遺址第一期、第二期遺存含彩陶，其模樣近似黃河中游仰韶文化彩陶。殘器紋飾被發掘者視為仰韶器形紋飾。

發掘者述其第一期文化彩陶如後：某種缽，器樣T1⑥：42，圓唇。上腹繪弧線三角紋。口徑程24、殘高程5cm，圖一四八，1。缽之二，器樣T11⑥：95，圓唇。腹飾垂帳紋與直線紋。口徑程28、殘高程8.7cm，圖一四八，2。缽之三，器樣H3：3，圓唇。腹飾斜線紋與弧線紋。口徑程26、殘高程5.7cm，圖一四八，3。缽之四，器樣T11：⑤：96，圓唇。腹黑彩繪圓點紋、垂帳紋與勾葉紋。口徑程29.7、殘高程6cm，圖一四八，4。

另類（型）缽，曲腹。紅泥陶、斂口、圓唇。器樣H3：4，腹繪斜線紋、垂帳紋。口徑程26、殘高程7.8cm，圖一四八，5。同類缽之二，器樣T5⑤：49，腹飾垂帳紋與勾葉紋。口徑程15.8、殘高程4.2cm，圖一四八，6。同類缽之三，器樣T5⑤：48，腹飾圓點紋與弧線勾葉紋等。口徑程15.8、殘高程3.6cm，圖一四八，7。

碗，器樣T11⑥：99，紅泥陶。方唇、弧腹。飾弧線三角紋與弧線紋。口徑程14、殘高4cm，圖一四八，8。

盆之一，器樣T11⑥：100，紅泥陶。口沿繪一周黑彩，腹飾圓點弧線勾葉紋與弧線三角紋，口徑程36、殘高程5cm，圖一四八，9。此類盆之二，器樣T2⑤：109，紅泥陶。口沿繪一周黑彩，腹部勾葉紋等。口徑程28、殘高程7.2cm，圖一四八，10。此類盆之三，器樣H3：5，紅泥陶，口沿飾弧線三角紋，腹飾圓點弧線三角紋與勾葉紋。口徑程28、底徑程12.8、高程16.2cm，圖一四八，11。此類盆之四，器樣T11⑦：101，紅泥陶。口沿繪兩周黑彩，腹飾圓點弧線三角紋等。口徑程28.2、殘高程8.2cm。圖一四八，12。此類盆之五，器樣T5⑤：50，泥質灰陶。表施白衣黑彩飾圓點弧線三角紋等。口徑程18、殘高程18cm，圖一四八，13。

某種罐，器樣T11⑥：107，紅泥陶。折沿、圓唇。口沿繪黑彩，腹飾斜線與弧線三角紋。口徑程22、殘高程9.2cm，圖一四八，14。某種器蓋，T1⑤：76，紅泥陶。弧腹。黑彩飾斜線紋。口徑程14、殘高程3.4cm，圖一四八，15。某種器圈足，紅泥陶、喇叭口。器樣T1⑤：79，表黑彩飾圓點紋與弧線三角紋等。圈足徑程16、殘高程9cm，圖一四八，16。

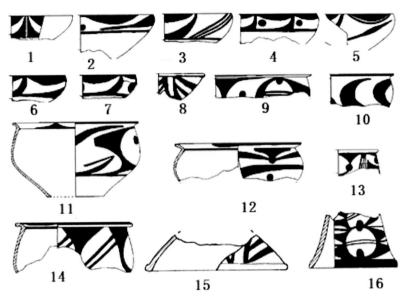

圖一四八　西峽老墳崗遺址第一期器殘紋

發掘者述此遺址第二期彩陶如後：

鉢，紅泥陶，弧腹、斂口、圓唇，器樣 T1④：44，上腹飾弧線三角紋。口徑程 28、殘高程 5cm，圖一四九，1。另一鉢，紅泥陶，狀同前器，器樣 T4④：36，腹飾圓點紋與弧線勾葉紋等。口徑程 29、殘高程 5.2cm，圖一四九，2。

第三鉢，紅泥陶，曲腹、斂口、圓唇，器樣 T2④：102，腹飾圓點紋與圓弧紋。口徑程 32、殘高程 6cm，圖一四九，3。第四鉢，紅泥陶，淺腹、斂口、圓唇，器樣 T③：35，腹飾圓點紋與弧線三角紋等。口徑程 20、殘高程 4.8cm，圖一四九，4。

碗，紅泥陶，口微斂或敞口、圓唇、弧腹，器樣 T4③：37，表飾圓點紋與垂帳紋。口徑程 14、殘高程 4.2cm，圖一四九，5。

盆，紅泥陶，平折沿、弧腹、圓唇，器樣 T10②：21，口沿施一周黑彩，器表施白衣，上繪圓點弧線三角紋。口徑程 18、殘高程 3cm，圖一四九，6。另一盆，紅泥陶，平折沿、弧腹、圓唇，器樣 T10②：20，口沿施一周黑彩，腹部飾線紋與弧線三角紋等。口徑程 32、殘高程 5.6cm，圖一四八，九。第三盆，紅泥陶，平折沿、弧腹、圓唇，器樣 T3③：20，口沿上施一周黑彩，腹飾勾葉紋與弧線三角紋。口徑程 36、殘高程 5.4cm，圖一四九，8〔註69〕。

〔註69〕河南省文物考古研究所、南陽市文物考古研究所：《河南西峽老墳崗仰韶文化遺址發掘報告》，《考古學報》2012 年第 2 期。

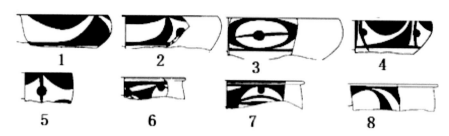

圖一四九　西峽老墳崗遺址第二期器殘紋

（2）關桃園遺址器紋識見

2002年2月迄當年8月，陝西省文物考古研究所、寶雞市考古隊、寶雞縣博物館組建聯合考古隊發掘了寶雞關桃園遺址，大面積揭露了前仰韶時期遺存地層。

關桃園遺存前仰韶第二期有口唇施彩瓦器。瓦缽，器樣H221：1，口近直、細泥質，紅色。敞口近直，圓唇、淺腹、平底。素面磨光。口外一道磚紅色色帶。口徑程26、底徑程7.2、高程9.2cm，圖一五〇，1。

缽，器樣H116：9，細泥紅褐色，底腹殘、敞口、尖圓唇、深腹。口部有一條磚紅色帶。口外飾一周戳刺紋，全身素面抹光。口徑程28、殘深程12cm，圖一五〇，2。

前仰韶時期第三期見紅黑兩色過渡之器。器樣H138：8，泥質紅色，口沿內外2cm處為紅色，向下過渡為黑色。敞口、圓唇、淺斜腹下收。通體光素，圖一五〇，3。缽，器樣H255：1，泥質紅色。口沿處呈黑色，向下過渡為紅色。敞口微斂、尖圓唇、腹斜收。通體光素。口徑程16、殘高程4.8cm，圖一五〇，4。

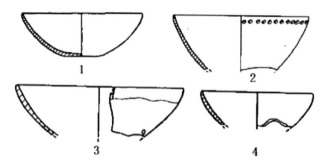

圖一五〇　關桃園前仰韶第二期缽口紋

仰韶文化早期淺腹缽，或圓底或平底。器樣H139：1，泥質，直口、方圓唇，上部微鼓，下腹弧收成圓底。口沿下施3.5cm寬黑彩帶，下有1.5cm寬

土黃色帶，向下變紅色。內壁紅色。口徑程 35、高程 15.2cm，圖一五一，1。
器樣 H239：2，泥質地紅色，直口、薄尖唇、上腹微鼓、下腹斜收、底殘。口
沿下施 3cm 寬赭黑色帶。通體光素。上半部壁厚，下半部壁薄。口徑程 24、
殘高 6cm，圖一五一，2〔註70〕。

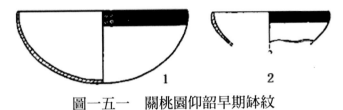

圖一五一　　關桃園仰韶早期鉢紋

2）邠縣水北與乾縣河里範遺址器紋識見

（1）邠縣水北遺址器紋識見

2005 年，發掘者在陝西邠縣水北遺址第一期文化層起出泥質施彩瓦鉢。
於第二期文化層起出殘瓦器飾以彩繪。他們歸諸器於仰韶文化中期，入廟底
溝類型。

泥質紅陶鉢，直口、圓唇、淺腹、圓底，器樣 AT2④：1，唇飾一周黑彩，
口沿下外部飾圓點紋黑彩。口徑程 31.6、高程 10.2cm。另有素面圓底鉢。

第二期殘瓦彩繪之三件被發掘者命為同紋飾，即弧邊三角紋與圓點紋，
器樣 H2：1，圖一五二，1。器樣 H58：29，圖一五二，2；器樣 H7：6，圖一
五二，3。器樣 H76：1，殘紋被視為弧線與圓點紋，圖一五二，4。

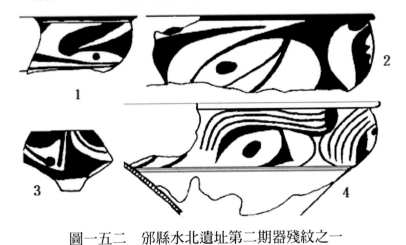

圖一五二　　邠縣水北遺址第二期器殘紋之一

〔註70〕陝西省考古研究院、寶雞市考古工作隊：《寶雞關桃園》，文物出版社，2007
　　　　年，第 32 頁～第 217 頁。

發掘者述某弧折沿盆曰：器樣 H40：1，唇微外卷。外壁繪弧形三角紋與圓點紋黑彩。口徑程 38.5、殘高 11.8cm，圖一五三，1。另一件弧折沿盆，器樣 H28：1，唇微外卷，弧腹內曲。外壁繪弧線三角紋及弧線、圓點紋黑彩，圖一五三，2。窄沿圜底盆起出者甚夥，眾達 25 件，徑程 40.2cm，腹部繪黑色窄帶紋與圓點紋黑彩。殘器器樣 H53：1，圖一五三，3。

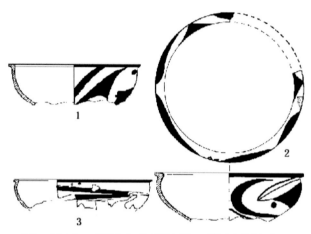

圖一五三　邠縣水北遺址第二期器殘紋之二

掘理者述數件瓦缽施彩云：器樣 H58：1，泥質紅陶，直口、小底微凹。唇周繪棕紅色，口沿下外壁繪兩組對稱棕紅色圓點紋，每組各三個，圖一五四，1。器樣 H58：2，斂口缽，泥質紅陶。唇上繪一周黑色彩，口沿下外壁繪有圓點和弧線組成的黑色圖案，圖一五四，2。器樣 H58：4，斂口缽，泥質紅陶。口沿下繪圓點紋黑彩。圖一五四，3〔註71〕。

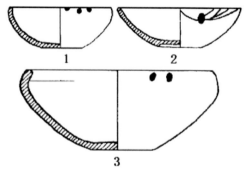

圖一五四　邠縣水北遺址缽紋

〔註71〕陝西省考古研究院、咸陽市文物考古研究所：《陝西邠縣水北遺址發掘報告》，《考古學報》2009 年第 3 期。

（2）乾縣河里範遺址器紋識見

2005 年，在福銀汽車公路施工前，陝西省、咸陽市兩級考古單位發掘了陝西乾縣河里範遺址。在其第一期文化層，掘理者起出施加黑彩瓦片。黑彩繪於盆、缽口沿及外壁。紋樣複雜，係圓點、弧線、弧邊三角等構成各種圖樣。發掘者舉施彩瓦片 8 件，自第 1 件迄第 8 件器樣：AH2：16、AH2：17、AH2：18、AH2：19、CH2：8、CH2：7、CH2：30、TGH1：13，圖一五五，1～8。彩繪之黑白版如後。

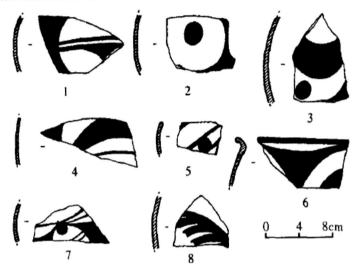

圖一五五　乾縣河里範遺址殘紋

發掘者述某卷沿盆殘片彩繪曰：口沿有一道帶狀黑彩，腹部繪黑彩構成長方形與三角形紋飾。口徑 28.7cm，圖一五六，1，器樣 CH3：3。述某種折沿盆曰：泥質紅陶。斂口、弧折沿外卷。盆沿稍寬。圖一五六，2，器樣 AH2：1，口沿繪連續弧形紋，外壁有弧邊三角形、圓點、弧線紋構成「花卉紋樣」。口徑約 23.5cm。發掘者述另一折沿盆彩繪曰：沿面繪連續弧形紋，外壁繪圓點。弧線，似眼睛，口徑程約 39.6cm，圖一五六，3，器樣：BH4：8。述第三件折沿盆曰：口沿繪連續弧形紋，外壁有弧邊三角紋、圓點、弧線紋。口徑程曰 40.8cm，圖一五六，4，器樣：CH2：1。

另一折沿盆沿面繪連續弧形紋，外壁繪弧邊三角形。口徑程曰 31.3cm，圖一五六，5，器樣 CH2：6。述某件殘斂口缽云：唇及外壁繪兩道黑彩，夾飾弧邊三角形與線紋構成豆莢紋樣，餘素面磨光。口徑程約 22.4cm，圖一五六，6，器樣 BH4：10。述另一斂口缽曰：唇飾一道黑彩，外壁有一圓點紋，

餘素面磨光，圖一五六，7，器樣 BH4：11〔註72〕。

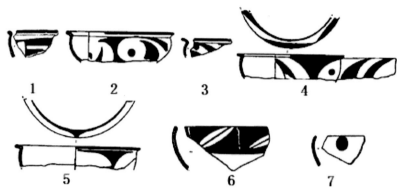

圖一五六　乾縣河里範遺址器殘紋

2. 零口北牛高陵楊官寨華陰興樂坊晉東南及鄖縣三明寺遺址器殘紋識見

1）北牛與楊官寨遺址器紋識見

（1）北牛遺址器紋識見

2006年陝西省考古研究所與西安市臨潼區文化局發掘了臨潼零口北牛遺址，在仰韶文化地層起出若干泥質殘瓦，不少（器）殘片口沿飾以黑彩。某斂口折沿，卷唇、深腹盆口沿施柳葉紋、窄條帶紋、腹施弧線三角黑彩（器樣F6：10）。某斂口盆，折沿、尖唇、深弧腹盆，其沿、腹飾鉤葉與圓點黑彩，器樣H12②：12。斂口盆、折沿、尖圓唇、弧腹，沿施平行弧帶紋，器樣H12②：4。侈口盆，寬平沿外折，圓唇加厚，滿施黑彩一周。腹飾弧線幾何紋黑彩，器樣H6：12。直口盆，尖圓唇、寬折沿、深斜腹。唇沿及腹施黑彩，器樣H6：14。敞口盆、折沿、尖圓唇、淺腹。唇沿及腹施勾葉圓點紋，器樣H4：4。敞口微斂盆、折沿，唇內折呈尖棱。唇沿施條紋及弧線三角紋黑彩，腹施圓點、弧線三角紋黑彩，器樣H1：28。侈口盆、卷沿、圓唇、深腹，沿多半施一周黑彩。腹近沿處琢鑽一孔，腹施弧線、圓點紋，器樣：F6：24。敞口微斂盆、卷沿、圓唇、唇沿加厚，滿施黑彩，器樣H6：15。敞口微斂盆，卷唇外圓棱、弧腹，腹沿施條帶狀黑彩，器樣：T2（2）：1。斂口盆、折沿、圓唇、淺鼓腹，沿施黑帶，腹飾葉紋黑彩，器樣H9：30。某一盆殘片，飾以圓點紋、弧線三角紋黑彩，器樣H1：42。此遺址起出缽殘片也具紋樣。黑彩多施於口

〔註72〕陝西省考古研究院、咸陽市文物考古研究所：《陝西乾縣河里範遺址發掘簡報》，《考古與文物》2010年第1期。

沿及上腹部。某斂口缽，淺鼓腹，上腹底色深紅，下腹底色淺紅。口沿、腹中部施細帶狀黑彩，器樣 H1：18。某斂口缽僅口沿施黑彩一周，器樣 H1：44。某缽腹飾直線紋與幾何紋黑彩，器樣 TG 彩：7。某一缽殘片飾以弧線幾何紋，器樣 H9：8。發掘者依遺跡殘存地層等識見諸殘器類型屬仰韶文化廟底溝類型為主〔註73〕。

（2）楊官寨遺址器紋識見

陝西省考古研究院自 2004 年 5 月迄 2006 年底發掘了高陵縣楊官寨遺址。此遺址文化層深厚，含仰韶時期遺存。發掘者識見廟底溝文化（北區）、半坡第四期文化，並起出廟底溝文化盆、缽。

曲腹盆之一：泥質紅陶，腹部外及口沿上繪黑彩圖案，多係斂口，寬卷沿、尖圓唇，上腹外鼓，下腹斜直或微內曲，小平底。器樣 H776②：7，沿面飾一圈灰色彩帶，鼓腹處飾一周由圓點、對頂弧形三角紋等組成圖案。口徑程 35.3、底徑程 11.5、通高程 21.2cm。圖一五七，1。曲腹盆之二：器樣 G8～2②：40，斂口、寬平沿、圓唇、上腹外鼓、下腹斜弧收至底部，底微上凹，唇面飾一圈黑彩。肩部飾以圓點、弧線、弧形三角組成的複合彩繪圖案。腹部有兩對小鑽孔。口徑程 34.7、底徑程 10.8、通高程 18.6cm。圖一五七，2。曲腹盆之三，器樣 G8～2③：12，斂口、窄折沿、圓唇、上腹外鼓、下腹斜直內收、小平底。唇面飾一圈黑彩帶，肩部飾有圓點、弧形三角組成的黑彩圖案。口徑程 26.6、底徑程 10.5、通高程 16.8cm。圖一五七，3。

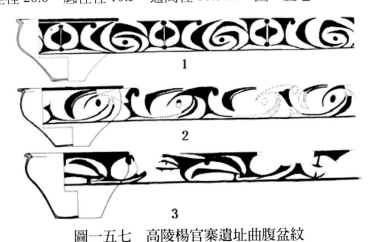

圖一五七　高陵楊官寨遺址曲腹盆紋

〔註73〕陝西省考古研究所、西安市臨潼區文化局：《陝西臨潼零口北牛遺址發掘簡報》，《考古與文物》2006 年第 3 期。

　　缽俱係泥質。紅褐色居多，灰陶少。一些有彩繪。其一，器樣 G8～2③：64，泥質褐色、斂口、圓唇、圓肩、下腹斜收為小平底，底內凹。口部至肩部外側飾由黑彩圓點與弧線組成圖案，即「典型的西陰紋」。口徑程 28.3、底徑程 8.6、通高程 11.2cm，圖一五八，1。其二，器樣 H776③：83，泥質紅陶，斂口、圓方唇、圓肩，腹部向下急收為小平底。表面磨光，肩部飾以鬼臉紋、弧形三角、弧線組成的一組黑色寬帶。口徑程 23.3、底徑程 8.1、通高程 10.2cm，圖一五八，2。其三，器樣 H776⑤：41，泥質紅陶，斂口、圓肩、淺斜腹向下斜收，底內凹。表面磨光。口部至肩外側飾一圈黑彩帶，唇下飾兩組對稱的黑彩圓點紋，一組為三個圓點，一組為兩個圓點。腹部有一對鑽孔。口徑程 28、底徑程 8、通高 10.6cm，圖一五八，3〔註74〕。

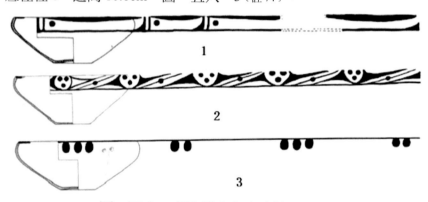

圖一五八　　高陵楊官寨遺址斂口缽紋

2）華陰興樂坊與襄垣縣濁漳西源地及鄳縣三明寺遺址器紋識見

（1）華陰興樂坊遺址器紋識見

　　2009 年 3 月迄 7 月，陝西省考古研究院發掘了陝西華陰縣興樂坊存遺址。掘理者起出若干施彩瓦器。他們定此遺址遺存屬廟底溝類型中期，述云：斂口圓腹罐，泥質紅陶，器樣 H46①：14，卷沿圓唇、圓鼓腹，沿下黑彩直線、圓點、弧邊三角繪三組圖案。口徑程 20.5、腹徑程 34.6、殘高程 17.4cm，圖一五九，1。

　　弧腹折沿盆，腹壁弧收，泥質紅陶。器樣 H30①：8，沿邊微卷，沿面黑彩繪弧邊三角形，腹部黑彩弧線、圓點、弧邊三角等紋飾組成花卉紋飾。口徑程 44.6、殘高程 13cm，圖一五九，2。

〔註74〕陝西省考古研究院：《陝西高陵楊官寨遺址發掘簡報》，《考古與文物》2011 年第 6 期。

弧腹折沿盆，泥質紅陶，上腹外鼓。器樣 H30②：6，唇邊飾一道黑彩，腹部白地黑彩繪花卉紋飾。口徑程 21、腹徑程 23cm，圖一五九，3。曲腹折沿盆，下腹曲收。器樣 H19：5。泥質紅陶，沿邊微卷，上腹較直，沿面黑彩繪弧邊三角紋，腹壁黑彩繪花卉紋飾。口徑程 43cm，圖一五九，4。

斂口缽，器較大、淺腹，泥質紅陶。器樣 H36：2，方圓唇、腹壁斜收、平底內凹、唇部飾黑彩，上腹部黑彩繪鳥形紋飾。口徑程 35、腹徑程 36.4、底徑程 13.4、高程 10.6cm，圖一五九，5。另件斂口缽，泥質紅陶。器樣 H6：145。方圓唇、弧腹。唇部飾黑彩，上腹部黑彩弧邊三角、弧線、圓點等組成花葉紋飾。口徑程 42.2、殘高 9cm，圖一五九，6。

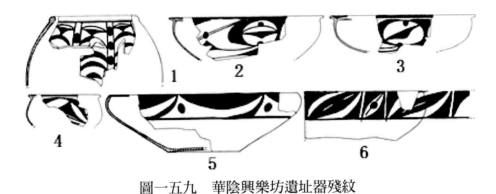

圖一五九　華陰興樂坊遺址器殘紋

此遺址起出某甌，面上雖無彩繪，但其底貌頗須深究。發掘者述云：甌，器形近似迭唇盆，口腹片可能歸為盆類。泥質紅陶。器樣 H6：8，斂口、弧腹內收、平底。底部刻畫月牙形與圓形鏤孔。素面。器內殘留白色附著物。口徑程 32、底徑程 14、高程 18cm，圖一六〇。

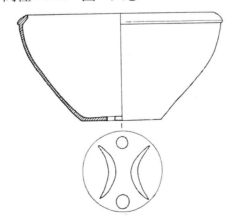

圖一六〇　華陰興樂坊遺址素面瓦甌底鏤

發掘者又述，某折沿曲腹盆，泥質紅陶。器樣 H28②：3。沿邊內卷，腹較深，唇邊飾黑彩。上腹部黑彩繪邊三角和圓點組成紋飾。口徑程 27.4、腹徑程 29、底徑程 12.4、高程 18.6cm。圖一六一，1。

另件折沿曲腹盆，泥質紅陶。器樣 H24：2。沿邊內卷，平底微內凹，唇邊飾黑彩，上腹部黑彩繪弧邊三角、圓點、弧線等組成的紋飾。口徑程 35、腹徑程 36、底徑程 13、高程 15.2cm，圖一六一，2。

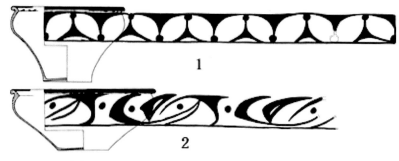

圖一六一　華陰興樂坊遺址折沿曲腹盆紋

缽面也見彩繪。某斂口缽，泥質紅陶。器樣 H7①：1。上腹鼓出，下腹曲收。方唇、平底內凹。唇部飾黑彩，上腹部黑彩繪鳥形紋飾。口徑程 29、腹徑程 30.7、底徑程 11.6、高程 11.4cm。圖一六二，1。

某直口缽，泥質紅陶。器樣 H28②：2。下腹褐色，方圓唇、上腹直、下腹斜收，平底內凹。口部有修補鑽孔，唇部帶黑色，上腹部黑彩繪似鳥形紋飾。口徑程 18.8、腹徑程 19.2、底徑程 6.6、高程 8.5cm，圖一六二，2。器樣 H10②：5，泥質黃白陶，尖圓唇，曲腹，平底內凹，唇部飾黑彩，上腹部黑彩繪鳥形紋飾，圖一六二，3。器樣 H29：1。圓唇，平底。上腹部飾黑彩圓點。口徑程 18.8、底徑程 8.2、高程 9cm。圖一六二，4〔註75〕。

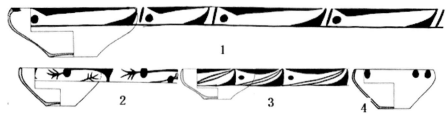

圖一六二　華陰興樂坊遺址缽紋

〔註75〕陝西省考古研究院、渭南市文物保護考古研究所：《陝西華陰興樂坊遺址發掘簡報》，《考古與文物》2011 年第 6 期。

（2）襄垣縣濁漳西源採得殘器紋識見

2010 年始，國家博物館、山西省考古研究所在晉東南濁漳河流域開展早期文化考古調查。調查者第一階段在襄垣縣濁漳西源幹流兩岸進行。採得標本覆蓋仰韶文化中期、晚期。某種缽，器樣採：132，泥質灰陶，侈口、圓唇，口沿外側飾 2.7cm 高土黃色「頂彩」，內側有 0.4cm 土黃色「頂彩」。口徑程 24、殘高程 5cm，圖一六三，1。器樣採：134，泥質紅陶，口近直、圓唇，飾 3.1cm「紅頂彩。口徑程 18、殘高 4.5、後 0.4cm，圖一六三，2。某種盆，器樣採：290，磨光泥質紅陶，直口、圓唇，口沿外側加厚，沿部飾黑彩。殘高 1.7cm，圖一六三，3〔註76〕。

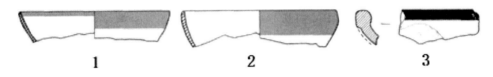

圖一六三　晉東南濁漳西源幹流兩岸器殘彩

（3）三明寺遺址器紋識見

武漢大學歷史學院考古系受湖北省文物局南水北調辦公室委託，於 2012 年發掘了湖北鄖縣三明寺遺址。發掘者起出了屬仰韶文化之「西陰文化遺存」。

缽，器樣 H96：1，細泥紅陶。斂口、圓唇、上腹圓鼓，下腹斜直，平底。下腹有灼燒之跡。口徑程 17.4、底徑程 7.2、高程 8.3cm，圖一六四。發掘者未述彩繪，或許將此器彩繪視為缺省。

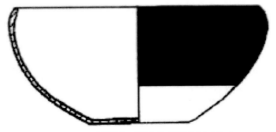

圖一六四　鄖縣三明寺遺址缽紋之一

缽，器樣 H96：4，細泥紅陶。斂口、尖圓唇、上腹圓鼓、下腹斜收、平底。上腹部飾弧邊三角與圓點組成的圖案。口徑程 32.8、底徑程 8.8、高程 14.8cm，圖一六五。

〔註76〕中國國家博物館、山西省考古研究所：《晉東南地區早期文化的考古調查與初步認識》，《文博》2011 年第 2 期。

圖一六五　鄖縣三明寺遺址缽紋之二

　　缽，器樣 H96：5，細泥紅陶。斂口、圓唇、上腹微鼓、下腹斜直。腹部以下殘。上腹施黑彩，由弧線三角紋與圓點組成。口徑程 26、殘高 9cm，圖一六六。

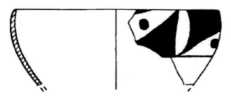

圖一六六　鄖縣三明寺遺址缽紋之三

　　缽，器樣 H96：6，外紅內灰。直口、圓唇、口部以下殘。上腹施黑彩，由三角紋與交叉並行線組成。口徑程 26、殘高 4.8cm，圖一六七。

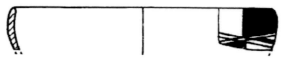

圖一六七　鄖縣三明寺遺址缽紋之四

　　缽，器樣 H96：7，細泥紅陶。斂口、圓唇、上腹微鼓，下腹斜直，腹部以下殘。唇面施黑彩帶，上腹施黑彩，由三角紋組成菱形，其外係直線，圖一六八〔註77〕。

圖一六八　鄖縣三明寺遺址缽紋之五

　　以上拓錄掘理者器殘紋識見，不覆《北首嶺》、《華陰興樂坊》等 14 種系統掘錄。諸文獻或依類別，或依源流，或依狄宛文明賈湖文明等同異性狀、或依此著作撰作之便旁置備檢。

〔註77〕武漢大學歷釋學院考古系，湖北省文物局南水北調辦公：《湖北鄖縣三明寺遺址新石器時代遺存發掘簡報》，《江漢考古》2016 年第 1 期。